本书获得2010年国家社会科学基金项目（10BSH017）资助

农业现代化进程中的村落变迁研究

张红 著

中国农业出版社

图书在版编目（CIP）数据

农业现代化进程中的村落变迁研究 / 张红著 . —北京：中国农业出版社，2014. 10
ISBN 978 - 7 - 109 - 19667 - 4

Ⅰ. ①农… Ⅱ. ①张… Ⅲ. ①农业现代化-研究-中国②村落-社会变迁-研究-中国 Ⅳ. ①F124. 1 ②C912. 82

中国版本图书馆 CIP 数据核字（2014）第 232635 号

中国农业出版社出版
（北京市朝阳区麦子店街 18 号楼）
（邮政编码 100125）
责任编辑 闫保荣

北京中科印刷有限公司印刷 新华书店北京发行所发行
2014 年 10 月第 1 版 2014 年 10 月北京第 1 次印刷

开本：700mm×1000mm 1/16 印张：11
字数：200 千字
定价：30. 00 元

前　言

中国的改革确切地说是从农业改革开始的。30多年前，安徽凤阳18个农户冒着生命危险签订了土地包产到户的合约，这一行动标志着中国农村开启了现代化里程，为农村商品经济发展创造了条件，促使传统农业向专业化、商品化和社会化方向发展。进入21世纪以来，中共中央、国务院连续出台的11个1号文件，从不同层面提出了“三农”发展的重点、方向与支持策略，使得“三农”的发展活力明显增强，发展绩效逐步显现。但是，受制于多重因素的叠加影响，要想从根本上解决“三农”难题，仍然任重而道远。破解“三农”整体困局，尚需探索一套新办法、新途径。

本研究在西北地区选取了一组农业型村落，研究其在现代农业的背景下设施农业从无到有迅速培育起来并实现了可持续发展，从而带动了乡村社会转型和农民增收。这对于理解21世纪中国乡村变迁具有一定意义，至少给我们以下几点启示：

第一，探索“新三农”融合发展的城乡一体化新模式。所谓“新三农”是基于未来农业如何做、职业农民谁来当、田园农庄怎么建而提出的，希望通过体制优化、制度创新与政策扶持，实现“现代农业、田园农庄、职业农民”的融合发展。具体来讲，现代农业就是要用现代物质条件装备农业，用现代科学技术改造农业，用现代产业体系提升农业，用现代经营方式推进农业，用现代发展理念引领农业，用培养新型农民发展农业，从而实现农业规模化、专业化、标准化、信息化、机械化发展。职业农民是国家工业化、城市化达到相当水平后，伴生的一种新型职业群体，也是农业内部分工、农民自身分化的必然结果。美国人类学家沃尔夫曾把职业农民与传统农民进行了比较：认为传统农民主要追求生计，是与市民身份相对应的群体；而职业农民则是充分进入市场，将务农作为商品产业，并尽一切可能使报酬最大化。由小农向职业农民的转化是大势所趋。田园农庄是农村城镇化发展新模式，“三农”融合发展的链接载体，美丽乡村、新型社区管理和示范推广的展示窗口。由此可见，“新三农”融合的实质是以土地制度与户籍制度改革为突破口，采取政府引导，市场主导，农户主体，企业参与，协会互动的发展模式，全力推进农业经营规模化、社区建设庄园化、农民就业职业化。具体表现为五个特征：农业劳动生产率快速提升；农村城镇化质量显著提高；农民生产生活方式日益现代化；城乡要素双向流动、产业交融互动明显增强；资源节约与环境友好持续凸显。融合中的创新，无论城乡，生活在其中的人们都能获得均质化的服务供给。

第二，揭示作用于村落变迁的力量。从作用的强度看，尤其是在新生事物的起步阶段，制度力量的影响产生的作用要强于农业技术和市场力量。西村的设施农业从2008年开始起步，短短三年的时间里迅速崛起，与地方政府出台的一系列优惠政策和给力举措有着极为密切的关系。从作用的长期性看，政策制度与农业技术的作用力要远远弱于工商业的冲击。市场化的深入发展提供了大量的就业机会，有的村民从事大棚种植，有的成为专职技术员，有的成为农民经纪人，有的成为专职翻土工，有的把眼光投向大棚建设所需的工业产品上，还有的村民从事运输、餐饮等个体商业服务性工作，村民顺利地进入职业转变的序列。当设施农业发展到了中后期阶段，政府会逐步退出转向提供公共服务。这时，决定新生事物能走多远就要看市场的发育程度了。从作用的深度看，农业技术对于村落的影响是深刻而全面的。尽管技术对传统村落的冲击力不足以与市场和硬性的政策制度相比，但从深度上看，其影响却远甚于后二者。

这是因为技术的进入，不仅仅使得村落适应了工业社会的逻辑，更重要的是影响了村民的价值观和惯习。由此看来，正在我们身边发生的村落变迁总体上属于外生型、有计划的社会变迁，系统内部还没有形成良性的动力机制和创新机制，制度设计也不健全。在此情况下，一方面需要依靠外力来推动，同时，应兼顾农民主体性的体现与市场运作的驱动性。最终由外力拉动内化为政府、市场、技术、农民四方自觉参与和良性互动的格局。

第三，对于现代化理论的反思。西方早期社会学家对现代性的研究一直遵循着“传统—现代”的理论框架，而中国的现代化历程也基本上是以“二元论”的思想为基础。这种二元论的思维取向虽然有些极端，但其理论架构、分析取向与一些具体的研究结论仍对村落变迁研究具有很大的参考借鉴意义。在中国城乡关系的发展实践上，依据不同理论的指导，依次出现了以城统乡—城乡融合—城乡一体化的发展态势。以城统乡的做法，具有“二元论”非黑即白的影子，在实践中容易导致重城市轻乡村、重法治轻道德、重物质轻精神的做法，最终的结果是城市吃掉农村，近年来越来越少提及的新农村建设就是这种结果的反映。马克思的城乡融合理论指出，城乡的分离对立也就是社会的不协调，是社会进一步发展的障碍，未来的社会不是固化城乡分离，而是实现城乡融合。而要达到城乡融合既是一个漫长的社会历史过程，也需要通过大力发展社会生产力以及伴随着工业化、现代化而发展的城市化来实现城乡融合。这一理论对于城镇化发展产生了极其积极的影响。而城乡融合发展的最终目标就是城乡一体化。我们认为，传统尽管在一定程度上阻碍着现代性的发展，但却并不是没有可取之处，至少在满足人们情感需求、提供道德价值和维持社会稳定等方面依然发挥作用。传统—现代是一个动态的连续体，动态的社会结构变迁既包括现有城市的不断扩展与质量的提高，也包括农民自身的转变与发展，以及城市与农村之间相互作用与相互补充。在城市和乡村共同发展、相互促进的城镇化过程中，会形成巨大的发展动力和发展空间，为个人与社区的发展转变提供更多的平台或机会。因此，没有必要简单地用现代性否定和替代传统性。可以通过对传统的扬弃，取其精华、去其糟粕，让传统性适应现代性的发展要求，用传统性改造现代性的缺陷不足，或许可以是一个未来现代化发展的新思路。

最后，想说的是，愿尽绵薄之力，与其他有识之士共同展望中国农村社会发展的未来。

目　录

前言

第一章　导言 …… 1

一、研究缘起和意义 …… 1

二、研究回顾与反思 …… 2

（一）国外学者关于现代化与农村社会变迁的研究 …… 3

（二）国内学者关于村落变迁的研究 …… 6

（三）国内外研究成果的述评 …… 11

三、研究思路、方法及主要内容 …… 13

（一）研究思路 …… 13

（二）研究方法 …… 14

（三）主要内容与相关概念 …… 15

第二章　区域与村落背景 …… 19

一、区域背景：黄土高原上的小村 …… 19

二、西村历史溯源 …… 23

（一）生产力与生产关系 …… 25

（二）生活方式与组织结构 …… 28

第三章　农业现代化的发展历程 …… 34

一、农业生产资料的变迁历程 …… 34

（一）耕作系统 …… 34

（二）作物栽培 …… 35

（三）化肥农药 …… 35

（四）水利设施 …… 36

（五）农业机械 …… 37

二、设施农业的发展历程 …… 37
（一）设施农业起步 …… 38
（二）设施农业大发展 …… 40

第四章　农业现代化发展的社会基础 …… 44

一、工业化、城镇化、市场化的发展 …… 44
二、强农惠农政策与资本投入 …… 46
三、大量青壮劳动力外出务工 …… 49

第五章　农业科学技术的运作机制 …… 51

一、农业科学技术的运作逻辑 …… 51
（一）政治化的运作逻辑 …… 51
（二）市场化的运作逻辑 …… 55
（三）工业社会的逻辑 …… 56
二、农业科技的运作机制 …… 58
（一）土地、时间和技术 …… 58
（二）科技的进入 …… 62
（三）科技的获得与传播 …… 65
（四）科技的交流与更新 …… 70

第六章　变迁中的村民与村落 …… 73

一、村民价值观念的变化 …… 73
（一）职业观 …… 73
（二）闲暇观 …… 80
（三）消费观 …… 84
（四）乡土观 …… 91
（五）观念之变：从价值理性到目的理性 …… 93
二、家庭的变化 …… 94
（一）家庭劳动分工与技术决策 …… 95
（二）家庭关系的变化 …… 97
三、村落的变迁 …… 105
（一）社会交往网络的变化 …… 105
（二）农业合作社的嵌入 …… 110

（三）市场的发育 …… 113
（四）村落社会结构的变化 …… 119

第七章　村落变迁的意义阐释 …… 129

一、农业技术与村落社会的互构 …… 129
二、农业变迁与农民现代化 …… 133
三、村落中的技术、国家与市场 …… 139
四、村落共同体的命运 …… 143

第八章　拓展性讨论 …… 148

一、一个总结 …… 148
二、进一步的思考 …… 149

参考文献 …… 153
后记 …… 161

第一章　导　言

一、研究缘起和意义

40 多年前，法国著名社会学家孟德拉斯在《农民的终结》一书中指出："20 亿农民站在工业文明的入口处，这就是在 20 世纪下半叶当今世界向社会科学提出的主要问题"[①]。如今这个问题摆在了中国的面前。转型时期的中国农村社会发生了翻天覆地的变化，因为变迁的方式、速度、路径各不相同，所以，造成了不同的社会形态同处于一个时代的局面，这也为研究者提供了一个观察变迁的巨大"实验室"。值得深思的是，农业现代化进程中乡村社会业已形成的传统村落秩序、生产方式、价值观念、日常生活等在现代文明的冲击下面临怎样的解构与重构？这种解构与重构是怎么样的一个过程？乡村变迁的运行机制是怎样的？村落变迁的动力机制如何？推动村落变迁的内在主体有哪些？村落和村民是以怎样的方式来解读和吸纳现代文明的？国家力量、市场因素在乡村现代化进程中的影响如何？村落未来的发展趋势将何去何从？这些萦绕脑海的问题不仅需要从技术层面进行思考，更需要从社会学的角度去关注农业现代化与村落变迁的关系。

中国的社会发展主要是农村的社会发展问题，中国现代化发展的主体内容也正是中国农村社会的变迁。这不仅因为农村在区位结构上占据绝对数，而且因为农村村落社区作为相对于城市社区的特定生活空间，是农村广阔地域和历史渐变中的一种实际存在的最稳定的时空坐落，是在内部互动中构成一个个有活力的传承文化和发挥功能的社会有机体，乡村生活模式和文化传统从更深层次上代表了中国历史的传统，任何细微的变化都显示着现代性因子在乡村社会中的扩展，乡村社会变迁实际上是一场由表及里的深刻社会运动。一个世纪以来，对于中国农村村落社区的研究始终是中国社会结构研究的一个极其重要的方面[②]。

---

① [法] 孟德拉斯．2005. 农民的终结 [M]. 李培林，译．北京：社会科学文献出版社：3.

② 李善峰．2004. 20 世纪的中国村落研究——一个以著作为线索的讨论 [J]. 民俗研究（3）.

本研究的理论意义与实践价值主要体现在以下两点：

首先，本研究通过实地调查，分析探讨了农业现代化进程中的村落变迁，一定程度上丰富了农业型村庄在农业变迁中的反应与变化的研究成果；另一方面，阐释了乡土社会面对现代化的进入发生了什么变化、为什么发生变化、如何发生变化、变化的结果等命题。具体来讲：在研究内容上，目前学界关于村落变迁的研究成果虽然建树丰硕，但将农业科学技术与乡村社会变迁结合起来的研究还很少，忽视了农业型村庄在农业现代化进程中的反应与变化。另外，已有研究对村落变迁的考察，较多是从政治、经济、文化等社会结构要素的综合视角探讨村落变迁。这些研究以中国社会制度转型为背景，对中国社会转型过程中村落变迁的规律提供了新的认识。本研究以农业现代化为社会背景，以西北乡村作为特定的研究场域，以农业技术为切入点，以现代化在乡村日常生活中的渗透与扩展为研究内容，来阐释乡村社会的变迁轨迹、变迁动力与发展趋势。在研究方法上，本研究没有沿袭学界惯常的从政治、经济、社会、宗族等方面来讨论村落变迁的分析框架，而是沿着个体—家庭—村落—区域社会的逻辑思路，运用社会学的“质性研究”方法，即在自然情境下，对个人的“日常生活”以及社会组织的日常运作进行研究，并对被研究者的生活故事和意义建构做出解释。这一方法既避免了割裂作为一个完整的生活共同体的村落之嫌疑，也可以动态地从描述个体开始，扩展到初级群体，直至辐射整个社会领域。

其次，在对调查资料分析研究的基础上，本研究针对西部农村社区特有的现代化发展模式、区域经济特色、历史传统和社会文化等特点，将村落变迁的研究放在农业现代化这一大的背景下，通过客观描述与理论解释以期为政府政策的制定提供理论借鉴，为社会主义新农村的建设提供现实指导。作为理论工作者研究农业现代化进程中的村落变迁，不仅是一种客观描述与历史记录，而且能为农村社会今后的发展指明方向，对于全面推进农村社会发展、改变农村落后面貌、改善农民生活质量及其培育新型农民等，都具有较强的现实意义与广阔的应用前景。

二、研究回顾与反思

20世纪初起源于美国的农村社会学传入中国，与当时的中国社会背景和“三农”境况一拍即合，引起了众多学者的高度关注并激起极大的研究热情，产生的一批高质量、高水准的研究成果为农村社会的研究奠定了坚实的根基。站在前人的肩膀上，围绕研究主题，我们从“国外学者关于现代化与农村社会变迁的研究”和“国内学者关于村落变迁的研究”两个方面梳理了学者们的研究成果，并进行了简要述评。

（一）国外学者关于现代化与农村社会变迁的研究

国外学者对乡村社会变迁的研究起步较早，罗吉斯在其著作《乡村社会变迁》中，从职业、家庭等几个方面宏观地描述了乡村社会的变迁，从理论上分析了农村发展与现代化的过程，同时分析了制约农村现代化的各种因素。其中，作者用专门章节论述了新技术对美国农村面貌改观带来的巨大影响[①]。

孟德拉斯的《农民的终结》以法国农村的现代化道路为背景，分析了欧洲乡村社会第二次世界大战以后的变迁过程。书中分析了法国乡村在引入玉米技术后的情形，展现了农村在土地意义、劳动方式、知识习得以及农民意识方面的变化，最终传统的小农转变成现代的农业生产者。孟德拉斯笔下的“农民的终结”，并不是“农业的终结”或“乡村生活的终结”，而是“小农的终结”。在孟德拉斯看来，从“小农”到“农业生产者”或“农场主”的变迁，是一次巨大的社会革命[②]。

美国斯坦福大学胡佛研究所高级研究员马若孟以满铁资料为基础，于1969年出版了《中国农民经济：1890—1949年河北和山东的农业发展》，考察了从19世纪末期中国向西方敞开大门开始到20世纪中期社会主义胜利这段时间的华北农村。他对这一时期华北市场经济的发展程度非常肯定。人人都有权利和机会自由进入市场交易，没有任何个人或集团能以使用非经济力量操纵市场价格为自己牟利，这一点正是中国农业能最后借以市场经济获得发展的核心。他认为，发展中国农业经济的关键在于广义的技术进步，比如发展农业教育与科研以培育农业人才和提高农业生产效率，建造基础性的设施便利农民进入市场，建立新型的农业金融机构使贫苦的农民也能获得生产进步所需要的资本等[③]。

---

① ［美］埃弗里特·M. 罗吉斯 . 1988. 乡村社会变迁［M］. 王晓毅，王地宁，译 . 杭州：浙江人民出版社 .

② ［法］孟德拉斯 . 2005. 农民的终结［M］. 李培林，译 . 北京：社会科学文献出版社：2.

③ ［美］马若孟 . 1999. 中国农民经济：1890—1949 年河北和山东的农业发展［M］. 史建云，译 . 南京：江苏人民出版社 .

年鉴历史学派代表人物马克·布洛赫的《法国农村史》，研究庄园制度的目的不在于了解中世纪社会生产关系制度本身，而是了解这种制度对法国中世纪以来农业生产发展和农民个人主义的影响。法国16世纪开始农业革命后，并没有出现大农场主的局面，占统治地位的是农民小土地所有制，是农民个人主义经营。土地形式上的传统主义、共同耕作方式对新精神的长期抵抗、农业技术进步的缓慢，这一切的根源都在于小农经济的顽固性①。

施坚雅在集市社区范围内研究中国的村庄。于1964—1965年发表了《中国农村的市场和社会结构》。他认为，农民的实际社会区域的边界不是由他所在村庄的狭窄范围决定，而是由他所在的基层市场区域的边界决定。基层市场满足了农民家庭所有正常的贸易需求，既是农产品和手工业品向上流动进入市场体系中较高范围的起点，也是供农民消费的输入品向下流动的重点。作为社会体系的基层集市是农民熟人社会的边界，农产品所需要的劳务和资金需求一般在这里得到满足。基层市场构成了通婚圈的范围并与农民的娱乐活动有关。复合宗族、秘密会社、庙会董事会等组织都以基层集市为单位，因而较低的和中间的社会结构形成了与市场结构平行的等级网络，集市同时也是沟通农民与地方上层交往的核心②。

黄宗智认为，中国的小农经济阻碍了农村经济向资本主义生产方式的发展。在华北农村，商品化完善和强化了小农家庭，因此促进了经营式农场出现的同时也阻碍了农场的发展③。作者继而发现长江三角洲的农村经济是按照恰亚诺夫的逻辑进行，挑战了舒尔茨的“经济人”理论④。黄宗智的《长江三角洲小农家庭与乡村发展》和《华北的小农经济与社会变迁》，较好地揭示了不同发展区域小农行为选择的差异。在黄先生看来，今日中国的农业正面临着一个历史性发展契机，其出路不必等待未来的更高程度的城市化，更不在于美国式的大农场，而在于当前新时代的、具有中国特色的、既是高劳动密集型的也是相对高收入的小家庭农场。

英国汉学家莫里斯·弗里德曼于1958年出版的《中国东南的宗族组织》，在方法论上强调中国的村落研究应该注意探讨国家与社会、历史与现实的关

① ［法］马克·布洛赫．1991．法国农村史［M］．余中先，译．北京：商务印书馆．

② ［美］施坚雅．1998．中国农村的市场和社会结构［M］．史建云，徐秀丽，译．北京：中国社会科学出版社．

③ ［美］黄宗智．2000．华北的小农经济与社会变迁［M］．北京：中华书局．

④ ［美］黄宗智．2000．长江三角洲小农家庭与乡村发展［M］．北京：中华书局．

系。他对中国福建和广东省宗族组织的研究，主要是运用文化人类学的功能主义方法，重点探讨中国宗族的结构和功能。他认为水利灌溉系统、稻米种植与边陲社会三个变数因素成为宗族发展的重要动因。种植稻米而有农业剩余，可以容纳高密度人口的生长；水利灌溉的建立需要有更多劳动力的合作，因此促成土地的共同占有与宗族协作；在边陲地带的移民为防御外来威胁，很容易促成宗族的团结。在弗氏看来，在中国社会，宗族成立的根本原因是共同祖先的认定和共同财产的占有，而财产的分配在宗族内部是不平均的，这正是大规模宗族得以成立、发展的主要动力①。

美籍印度裔学者杜赞奇 1988 年出版了《文化、权力与国家——1900—1942 年的华北农村》，该书探讨了中国近代国家政权建设背景下的“国家政权内卷化”和国家与村庄连接机制的变异问题，对华北的村落性质、宗族结构、国家代理人等问题进行了讨论。他的研究挑战了施坚雅试图从村落以外的社会关系中分析社会组织原则，探讨地方社会与国家之间关系的集市体系理论和分析模式。作者运用“文化的权力网络”概念探讨了村庄的政治权利与文化网络的脱节过程，分析了 20 世纪上半期国家在基层乡村丧失合法性的原因②。

詹姆斯·斯科特的《农民的道义经济学》，从农民的视角出发，运用大量的文献资料和田野记录，论述了东南亚农业社会中农民的生存伦理与反叛逻辑。指出支配小农经济行为的主导动机原则是“安全第一、避免风险”，以及在同一共同体中，尊重人人都有维持生计的基本权利和道德观念。著述中提到，在严酷而强大的生存压力面前，生存取向和非利益取向，构成了农民社会理性与资本主义经济理性之间的巨大差异，农民行为的首选目标是保障生存，而非利润最大化包括克服贫困。农民的行为取向和生存伦理在一定程度上制约着技术的改进、更新，在最大程度的保障了农民生存安全的同时，也创造和维持了农民的贫困③。

萧凤霞在《华南的代理人与受害者》一书中探讨了 20 世纪国家对乡村社会的改造，萧氏通过对乡镇、村社区的个案研究，指出在传统社会，中国的地

---

① ［英］莫里斯·弗里德曼．2000. 中国东南的宗族组织［M]. 刘晓春，译．上海：上海人民出版社．

② ［美］杜赞奇．1994. 文化、权力与国家——1900—1942 年的华北农村［M]. 南京：江苏人民出版社．

③ ［美］詹姆斯·斯科特．2001. 农民的道义经济学：东南亚的反叛与生存［M]. 程立显，刘建，等，译．南京：译林出版社．

方社区离中央权力机构行政控制中心较远，具有较大的自主性，当时的国家利用地方精英网络控制民间社会和社区社会。20 世纪以来，国家的行政权力不断向下延伸，乡村的权利体系已经完成了从相对独立向行政“细胞化”的社会控制单位的转变，造成社区国家化的倾向①。

阎云翔在 2009 年出版了《私人生活的变革：一个中国村庄里的爱情、家庭与亲密关系：1949—1999》。书中研究了一个以前从未被其他学者研究过的主题：中国农民家庭生活中的个人与情感问题。作者以知情人的视角，通过对父权衰落、青年自主权上升、爱情与亲密关系的发展、夫妻关系重要性的增加、隐私观念的兴起等主要议题的回顾，总结了中国农民的私人生活经历了双重的转型：私人家庭的崛起以及家庭内部个人私生活的普遍出现。并以空间居住布局为切入点，呈现出一幅现代农村的情感画面，从中国一个普通村庄的私人生活史写出了整个社会的变迁②。

（二）国内学者关于村落变迁的研究

自古以来，中国就是一个农业、农村与农民占主导地位的社会，正如费孝通在《乡土中国》中所描述的，从基层向上看，中国社会是乡土性的③。这一论断，直到 20 世纪 70 年代末，都是适于中国的。但改革开放以来乡土社会的根基被动摇，传统的乡村社会格局被打破，农民从土地中挣脱出来，农村的面貌发生了深刻变化，一个全新的乡村社会规范和秩序正在孕育当中。中国社会的结构性变革始于 20 世纪初，从那时起村落研究就开始引起学者们的思考和关注。

村落既是一个空间单元，也是一个社会单元。早在 20 世纪初，田野调查就拉开了序幕。1918—1919 年，美国社会学家葛学溥带领学生在广东凤凰村进行家庭社会学调查，1925 年出版了英文著作《华南的乡村生活——家族主义社会学》。他是最早以田野调查的方式进入村落研究的学者，该著作详细描述并分析了凤凰村的经济、婚姻、家庭、宗教、人口以及社区组织的情况④。

① ［美］萧凤霞．1989. 华南的代理人与受害者：乡村革命的协从［M］. 纽黑文：耶鲁大学出版社．

② ［美］阎云翔．2009. 私人生活的变革：一个中国村庄里的爱情、家庭与亲密关系：1949—1999［M］. 上海：上海书店出版社．

③ 费孝通．2005. 乡土中国　生育制度［M］. 北京：北京大学出版社．

④ ［美］丹尼尔·哈里森·葛学溥．2012. 华南的乡村生活：广东凤凰村的家族主义社会学研究［M］. 周大鸣，译．北京：知识产权出版社．

20世纪三四十年代，随着社会学、人类学的发展，中国的村落研究从泛泛的“社会调查”，进入了一个规范的“民族志”研究时期。一批学院派的本土学者，在吴文藻教授“社区研究”的旗帜下，对村落展开了系统研究。

1935年，林耀华出版了以结构—功能主义方法对福建义序家族村落调查的成果《义序的宗族研究》，以乡村社区的宗族为基础，分析了中国的宗族组织及其社会功能、宗族与家庭的连锁结构以及亲属关系的系统与作用①。随后，林耀华通过对福建省闽江边两个家族，自19世纪末至20世纪30年代地方农业、商业、船运、政治、法律、教育、宗教以及民俗等多方面的社会文化生活的研究，完成了其代表作《金翼——中国家族制度的社会学研究》②。

以村落个案调查入手来揭示农村社会的变迁，是社会学的经典研究方法，费孝通的《江村经济》和李景汉的《定县社会概况调查》，是中国个案研究的开山之作。1939年，费孝通在英国出版了以江苏省吴江县开玄弓村调查为基础的《江村经济：中国农民的生活》。通过对一个村落社会结构及其运作的描述，勾画出一个由各相关要素有系统地配合起来的整体，并试图从村落内部的社会结构分析中国社会变迁的动力③。

李景汉的《定县社会概况调查》，调查费时长达8年，内容涉及定县的地理、历史、政治、经济、文化、教育、社会组织、乡村娱乐、风俗习惯等各个方面。对于当时农村状况有一个鸟瞰式的认识和了解，从文中表格里的数字可以发现诸多农村社会问题，从中得到分析社会现象的线索④。它为研究定县及整个华北的社会概况提供了一条可供比较的基线，而且调查中所使用的方法也有很大的参考价值。

1984年，黄树民教授在美国国家科学基金会等机构的资助下，到福建林村进行了田野调查，于1989年出版了《林村的故事：1949年后的中国农村变革》，作为一部民族志著作，黄树民通过对林村党支部书记叶文德人生经历的描述，分析了中国农村社会变迁过程中国家对村落政治文化的改造⑤。

王铭铭在对闽台三村调查的基础上，在其著作《村落视野中的文化与权

① [美] 林耀华.2000. 义序的宗族研究 [M]. 北京：三联书店.

② [美] 林耀华.2000. 金翼——中国家族制度的社会学研究 [M]. 北京：三联书店.

③ 费孝通.2001. 江村经济：中国农民的生活 [M]. 北京：商务印书馆.

④ 李景汉.2005. 定县社会概况调查 [M]. 上海：上海人民出版社.

⑤ [美] 黄树民.2002. 林村的故事：1949年后的中国农村变革 [M]. 素兰，纳日碧力戈，译. 北京：生活·读书·新知三联书店.

力》中描述了一幅变迁社会中传统村落文化的图景。作者认为民间传统并非像现代化理论所说的单线演进，也不是简单的遵循“传统”到“现代”的发展路径。在实际的日常生活中，地方政府往往是利用传统来促进现代化的发展，这就说明了在中国的某些区域传统文化与现代化并不矛盾，也证明了现代化单线演进的缺陷①。

王沪宁的《当代中国村落家族文化：对中国社会现代化的一项探索》，将村落文化作为研究中国社会现代化的核心内容。他认为村落家族文化作为远古形成的传统文化的核心向社会不同方面放射它的核心精神，使传统社会乃至现代社会无不受到村落家族文化的核心精神的影响，这种影响表现在社会品质、正统文化以及政治精神等方面。在他看来，虽然村落文化在现阶段有着积极的一面，但是村落文化的基质（血缘性、聚居性、等级性、礼俗性、农耕性、自给性、封闭性、稳定性），更多的是与现代社会主义文化（社会性、工业性、开放性、广泛性和变革性）不相适应的因素。村落家族文化的消解是历史的发展趋势，而暂时的“复兴”则是特定现象②。

1992 年，陆学艺出版了《改革中的农村与农民：对大寨、刘庄、华西等 13 个村庄的实证研究》，对大寨、刘庄、华西等 13 个人民公社时期的著名村庄进行了研究。指出在现代化过程中，农民逐渐离开土地，转化为非农业劳动者，即使留在农村从事农业的劳动者，其社会身份、生产手段、生活方式、价值观念等也发生了相应的变化，传统意义上的农民正在消失③。

曹锦清、张乐天、陈中亚三人撰写的《当代浙北乡村的社会文化变迁》一书，也是从村落调查入手，以非常翔实可贵的村落资料，描述和分析了 20 世纪 50—80 年代浙北乡村的社会变迁，特别是各种乡村制度的变迁④。这种科研训练为曹锦清日后写作名贯学界的《黄河边的中国》，以及张乐天日后推出的力作《告别理想——人民公社制度研究》，奠定了坚实的基础。

曹锦清在《黄河边上的中国》中运用“从内向外”、“从下往上”的视角，即从传统的角度看待现代化过程，通过访谈式的田野调查，对中原乡村社会的

① 王铭铭．1997. 村落视野中的文化与权力：闽台三村五论［M］. 北京：三联书店．

② 王沪宁．1991. 当代中国村落家族文化：对中国社会现代化的一项探索［M］. 上海：上海人民出版社．

③ 陆学艺．1992. 改革中的农村与农民：对大寨、刘庄、华西等 13 个村庄的实证研究［M］. 北京：中共中央党校出版社．

④ 曹锦清，张乐天，陈中亚．2001. 当代浙北乡村的社会文化变迁［M］. 上海：上海远东出版社．

图景有了清晰的了解。虽然作者没有找到有效解释农村社会并指明现代化出路的理论，但是这部“纪实”的关于中原乡村社会的一段信史却是留给后来研究者观察研究中国农村社会一段宝贵的资料①。

张乐天的《告别理想：人民公社制度研究》，以浙江北部一个普通村庄——联民村为研究对象，对于村落变迁的研究采取了“外部冲击—村庄互动”的分析框架，细致入微地描绘了人民公社制度下浙北农民日常生活的方方面面，使读者获得了一个中国普通村落农民的政治、社会、经济和文化生活的清晰图景，同时也在中国现代化的历史长河中对人民公社制度进行了历史定位②。

中国自改革开放以来，农村社区环境的变化突出表现为国家权力从农村的部分撤退和村民自治制度的建立。村民自治是“农村社区里正在发生故事的一把钥匙”。村民自治以及引发的社会问题正在成为社会学研究的热点。张厚安等人撰写的《中国农村村级治理——22个村的调查与比较》、徐勇主编的《乡土中国的民主选举——农村村民委员会选举研究文集》、胡荣的《理性选择与制度实施——中国农村村民委员会选举的个案研究》，都从不同的角度分析了村民自治的村落文化背景，提出了完善村级选举的政策建议。并认为在村民自治的发展过程中，始终存在着国家和乡村社会两种力量的互动和协调。

于建嵘的《岳村政治——转型期中国乡村政治结构的变迁》在研究乡村治理时发现，转型时期乡村政治结构的变迁中，国家的主导作用非常明显，其特征是国家行政权力的下沉。但是，国家的主导作用也受到乡村传统、各方利益结构、民主化及现代化等因素的制约。乡村政治的发展逻辑是：随着国家减少对农村经济的依赖以及农村市场经济的发展，权力文化从传统性转为现代性，国家行政权力逐渐退出农村的政治舞台。乡村社会从身份到契约转变，传统的家族专制社会向现代民主社会转型③。

吴毅在《村治变迁中的权威与秩序——20世纪川东双村的表达》中，通过对四川东部的双村进行个案调查，梳理和建构了该村的百年历史逻辑，理解和阐释了中国村治的历程。作者认为国家、现代性、村庄的地方性知识是影响村庄权威与秩序的变量因素，而20世纪的中国革命又是影响三个变量因素的

① 曹锦清．2001．黄河边的中国［M］．上海：上海文艺出版社．

② 张乐天．1998．告别理想：人民公社制度研究［M］．北京：东方出版社．

③ 于建嵘．2001．岳村政治——转型期中国乡村政治结构的变迁［M］．北京：商务印书馆．

背景和结构因素。作者通过对个案村长时段历史逻辑的梳理与建构，表达了对中国村治历程的一种理解和阐释[①]。

贺雪峰在对几个村落进行调查的基础上写出调查笔记，2003年将调查笔记结集出版形成了《新乡土中国》。他认为：经过半个世纪的发展，乡村社会已经发生了巨大变迁，中国乡土社会早已不是费孝通在《乡土中国》中所描述的那样，岁月的变迁已使中国乡村社会发生了深刻变化和转型，中国的传统村落已走向没落和瓦解，而新的乡村社会秩序正在瓦解中重建[②]。

孙庆忠在田野调查和文献资料的基础上，追踪研究了因杨庆堃先生的著作而名扬海外的南景村，论文描述了南景村五十年后经济生活的基本形貌，认为都市化促进了农民的终结。他指出改革开放后在城市迅速扩展中，南景村内部产业结构和村民职业结构的调整使农民从根本上改变了乡土本色[③]。

李培林以村落为单位对村落的发展过程进行了研究，于2002年出版了《村落的终结》一书，他在韦伯关于理想类型原创性论述的影响下，试图在研究中建立一种关于中国村落终结的具有普遍解释力的理想类型。通过调查总结珠江三角洲城郊地区进入终结过程时村落的特点，得出城市化和工业化是传统村落发生转变乃至被迫终结的结论[④]。

2006年，由杨建华主编的丛书《经验中国：以浙江七村为个案》出版，它从“日常生活”这一“社会事实”本身入手，以村落个案的细致翔实资料为基础，通过对村民“日常生活世界”的直接观察，来追踪展示村民日常生活的行为选择、运行逻辑、历史演变以及冲突与裂变、消解与建构；通过细琐叙述村民日常生活的时间安排、空间格局、关系网络等，捕捉、描摹出村落变迁的历程和轨迹[⑤]。

张乐天、陆洋的《生存性智慧、技术与乡村社会变迁——以浙北农村为例》，对半个多世纪以前的浙北联民村进行了一次日常生活的考古学，揭示了农民在应对大自然的历史与传统中构成了他们对人与自然和谐的内省式感悟和

① 吴毅.2002.村治变迁中的权威与秩序——20世纪川东双村的表达［M］.北京：中国社会科学出版社.

② 贺雪峰.2003.新乡土中国［M］.桂林：广西师范大学出版社.

③ 孙庆忠.2003.都市化与农民的终结——广州南景村经济变迁研究［J］.中国农业大学学报（社会科学版）（2）.

④ 李培林.2004.巨变：村落的终结——都市里的村庄研究［M］.北京：商务印书馆.

⑤ 李明华，等.2006.经验中国：以浙江七村为个案　第三编：村落的技术［M］.北京：社会科学文献出版社.

感性实践，这是农民的生存性智慧。然而，当人民公社时期引进农业现代技术之后，对化肥、农药和农业机械的依赖使农民的生存性智慧迅速被现代农业背后的工具理性价值观所取代，而与之相关联的乡村内部权威结构也被外部技术权威所取代，乡村社会已变成了一个农业无技术的空间，农民面临着极大的生存环境危机[①]。本书试图通过对现代农业技术的反思与批判，强调生存性智慧是人类社会赖以生存的根本性法则，不应该被当成过时的生活方式而抛弃，它应该重新回到历史舞台发挥其应有的价值。

（三）国内外研究成果的述评

综观国内外研究文献，国外学者关于乡村社会变迁的研究起步较早，实证研究与理论成果非常丰富。对于中国农村的研究，主要集中在20世纪50年代以前，引用的资料多是日本满洲铁道株式会社所做的“中国农村惯性调查”。它是第二次世界大战前日本为了其殖民统治服务而对中国农村实地调查的资料。其中影响最大的是1940年11月至1942年12月间，围绕河北、山东的六个村落在土地、借贷、劳动力使用、社会团体、经济活动、民间信仰等方面进行的田野调查。“惯调”虽然成就了不少知名学者，但其素材已远不能准确的反应当今中国农村发展的真实状况。对于转型时期身处千年未有之变局的农村社会，还缺乏足够充分的、厚重的实证研究以及在此基础上的理论归纳。20世纪80年代以来，国内社会学界关于失地农民、农村工业化、乡村治理、农民工等议题均有丰富的建树，在研究旨趣上正在由乡村田野实证研究走向面向中国社会经验的理论归纳，研究水平有了较大提高。具体而言，四位学者的研究成果对本研究具有重要的参考价值。

李培林在广州“城中村”的研究中运用类型学的方法，给笔者以极大启示。李培林对于个案调查面临利用访谈资料的困惑和窘境，解决的方法是塑造了一个村落类型——羊城村，代表珠江三角洲城郊地区进入终结过程的村落。中国的村落千姿百态，各具地方形态，但是利用其共同特点可以归纳出某些类型，如，变迁动力为农业技术的村落，围绕此类型村落展开深入研究，可以从个别走向一般，一定程度上跳出个案研究的局限，扩大个案研究的外推范围，使得理论解释力更具普遍性。

---

① 张乐天，陆洋．2010．生存性智慧、技术与乡村社会变迁——以浙北农村为例［EB/OL］．http：//news．fudan．edu．cn/2010/0621/24992．html［2010－06－21］．

施坚雅在研究中国乡村时关注村落发展的外部因素，他的市场共同体理论对本研究的启发是，没有将村落置于结构—功能主义框架下进行静态的研究，而是从村落外部即市场的角度切入研究，这样就形成了超越单个村落的整体研究方法。尤其是进入21世纪的中国农村，即使是最偏僻的小村也不可避免地受到全球化、信息化的辐射，它们的应对策略是什么值得关注。

孟德拉斯在《农民的终结》一书中提到杂交玉米的变革，费孝通的《江村经济》提及蚕丝业的发展都给笔者以很大的启发。前者呈现的是耕作传统、政治教派、劳动者自身等因素面对技术进入的不同态度，“新玉米迫使老规矩反省”，农民在“投入”新玉米的同时也充满焦虑不安[①]。通过后者我们看到一项技术是如何进入村庄进而产生一系列的效应，最终导致村落社会重组的画面。

随着乡村社会变迁的加速，社会运行的逻辑已不是经长期共同生活积淀下来的结构，而是需要人们充分运用自己的知识和策略进行新的建构。因此，需要从多学科的角度进行整体上的综观。归纳起来，有三种研究趋向值得进一步探讨：

第一，在研究方法方面，现有成果缺少经验事实分析的基础以及在此基础上体现中国区域特色的理论解释和政策选择研究。较大范围统计调查的数据，难以揭示村落变迁的深层原因。本研究没有沿袭学界惯常的从政治、经济、社会、宗族等方面来讨论村落变迁的分析框架，而是沿着个体—家庭—村落—村际（市镇）的逻辑思路，运用社会学的“质性研究”方法，即在自然情境下，对个人的“日常生活”以及社会组织的日常运作进行研究，并对被研究者的生活故事和意义建构做出解释。这一方法既避免了割裂作为一个完整的生活共同体的村落之嫌疑，也可以动态地从描述个体开始，扩展到初级群体，直至辐射整个社会领域。

第二，在研究内容方面，目前学术界关于农业现代化与村落变迁研究的成果非常少见，仅有的也没有真正展开从微观经验事实分析到中观、宏观理论阐释和归纳的研究。本研究通过对村落日常生活世界，诸如职业结构、技术培训、阶层分化、婚姻家庭、人际关系、伦理观念、政府作用、市场角色等方面的客观描述，一是探讨农业现代化在个人、家庭、村落、村际（市镇）四个层次变迁中的表现，以及不同层次之间变迁的相互作用与相互影响。二是研究对

① ［法］孟德拉斯．2005．农民的终结［M］．李培林，译．北京：社会科学文献出版社：135.

村落内部结构产生影响的外部环境，即村落与市场以及村落与国家的互动关系等。最后，将进一步揭示乡村社会变迁的驱动力；村落文化的重构；乡土社会环境中，农民是否主动建构着自身的微观生活世界和外在的宏观生活世界；“传统与现代”裂变中的村落发展趋势等问题。

第三，在研究视野方面，长期以来存在两方面的局限：一是城市主导的研究视野。在城市“主体”、市民“主体”的理念主导下，推进农业与农村现代化工作和政策的出发点，实质上还是以城市利益为中心的“自上而下”的视野。二是照搬西方的现代化理论。其核心是按照已经现代化的西方发达国家的标准，规划中国现代化蓝图并作为实现现代化的理论指导方针。导致的结果似乎是城市的繁荣和农村的凋敝。面对上述两种研究视野，如何科学地认识、看待中国农业与农村社会的现代化过程，以便对变迁的进程、路径和机理形成本土的、多样的理解和阐释，正是本研究的视野之所在。

三、研究思路、方法及主要内容

（一）研究思路

本研究在宏观层面上，阐述了农业现代化发展的社会背景及历史条件；中观层面的研究主要探讨了自上而下的制度和政策，以及市场化与工业化在乡村社会实践的过程、逻辑及后果；微观层面的研究主要是理解农业科技在村落内部的运作机制及其农民的生活面向与行动逻辑。

基于此种认识，本研究在将村落视为一个集政治、经济、文化为一体的生活共同体的基础上，阐述的是：科学技术的进入并不简单的是一个技术改进的问题，而且也是一个极其复杂的社会组织重构的问题。并依次展开了一幅从科技的嵌入→科技的网络→科技的效应→科技的推动所呈现的乡村变迁的图景。

首先，讨论在现有土地面积、生产资料与劳动时间下，农业现代化发展的社会背景是什么？对于一项外来嵌入的新科技，村民是否选择与怎样获得？

其次，一般来讲，作为一项新科技必然具备一定的异质性，异质性科技要被村民普遍接受，需要进行科技的培训、交流、示范与推广的实践过程，这必然会以个体为中心形成一幅立体的科技网络。

再次，探讨科技效应的显现，该效应沿着个体—家庭—村落—村际（市镇）的线路向外扩散。一是村民的职业化、专业化与现代性发生了哪些变化？

二是家庭的收入结构和消费方式、家庭成员的关系结构和家庭事务决策权等方面发生了何种变化？三是揭示科技推动所带来的乡村产业结构、民间信仰、社会交往等方面呈现的状态。四是追踪农产品流动的途径和范围。

第四，对于乡村社会变迁进行意义阐释。一是探讨乡村社会变迁的动力机制；二是揭示乡村社会结构的变化与农民现代化；三是指出“传统与现代”裂变中的乡村社会的发展趋势。

（二）研究方法

1. 文献研究法

文献资料的检索包括两方面内容：一是广泛查阅近十年来与本研究有关的各种著作、论文以及数据资料。由于涉及本项目的专项研究资料很少，大部分研究可能隐含在乡村现代化、社会变迁、村落研究等相关资料中，所以，需要对这些材料进行鉴别处理与综合整理。二是地方志和口述史。为了更充分的了解样本村的历史，还需查阅相关的历史记录。同时，我们努力做到将村落的文献资料（乡志、县志）和入户访谈材料有机结合起来。

2. 实地调查法

在文献资料的基础上进行实地调查，出于研究的可行性和研究对象的实用性，我们采用问卷调查、个案访谈和参与观察相结合的方法，首先选择具有典型代表性的村民、村干部、各级政府官员、企业与科技人员等展开深度个案访谈，站在“他们”的角度理解“他们”的感受。至于客观观察，法国著名社会学家迪尔凯姆非常强调的一个概念是“社会事实”。我们认为它是村落研究中不容忽视的一个重要角度，即将自己看作是社区中的一员，在日常生活中收集资料，然后从经验资料中概括抽象出一般结论，这样更加有利于充分、细致地呈现传统村落在农业现代化冲击下所发生的一系列变化。

3. 类型学的研究法

在现实中以一个村作为基本的塑造底板，但却有许多原型，把这些原型中最有代表性的那些特征和故事提炼出来抽象出一个村落变迁的“理想类型”。资料都是真实可靠地，但并非是原汁原味的。去掉一些与主题无关的细节，突出与主题联系紧密的线索[①]。本研究实地调研了 12 个村落，统一给它们取了个学名——西村，以此来考察设施技术对农业型村落变迁的影响。

---

① 李培林．2004．我研究“村落终结”的方法［J］．思想战线（1）：22.

(三) 主要内容与相关概念

1. 主要内容

本书共分八章，陈述的主要内容是：

第一章，导言。就研究的缘起、意义、思路、内容等作了说明，重点回顾了国内外相关文献在现代化与中国乡村变迁、村落研究两个方面的成果，以及现有研究的可借鉴之处及其有待改善的地方，从而明确本研究的发力节点。

第二章，介绍了区域与村落背景。本章首先介绍了调查地点的地理区位、自然环境、行政规划、历史文化、产业结构、村组构成等信息，以便给读者勾画一个整体空间上的概貌。在此基础上，阐述了选择西村作为样本村的三点缘由，以及调查的时间与运用的方法。通过调查收集到的大量的第一手素材，为我们全方位、多层面的分析阐释问题提供了前提条件。

第三章，以西村为例，介绍了农业现代化的发展历程。首先，概述了诸如良种推广、作物栽培、水利设施、配方施肥以及农业机械等生产资料与现代化物质装备水平的变化，这些"量"的累积为农业"质"的变革奠定了良好基础。其次，介绍了西村设施农业的发展历程。正是设施技术的进入才真正拉开了乡村社会变迁的序幕。

第四章，是对农业现代化发展的社会基础研究。费孝通在《乡土中国》一书中指出，乡土社会有其自身的本色。比如，封闭、不流动、自给自足[①]。60多年的时间过去了，中国社会发生了翻天覆地的变化，农业现代化发展的社会基础呈现一种崭新的状态。本研究将样本村的农业转型，置于整个中国社会的背景中去探求答案，揭示了工业化、城镇化、市场化的发展，强农惠农政策与资本投入，大量青壮劳动力外出务工三大宏观层面的社会基础所发生的变化。这一切都预示着中国农业现代化发展与乡村社会的进步将进入一个崭新的时代。

第五章，是对农业科学技术运作机制的研究。科技的政治化运作、市场化运作、工业化逻辑构成中观上的外部运行机制。在引进科技的过程中，意识形态和政治因素因其持有的优势资源而率先登场并扮演了决定性的角色。现代社会中农民选择一项新科技的同时，就等于选定了市场。基于此，村民必须接受

① 费孝通．2005．乡土中国 生育制度［M］．北京：北京大学出版社．

训练和获得信息以懂得和理解现代经济的基本机制，能够随着市场的变化行事和做出预测。当科技嵌入农业社会后，打破了整个系统的均衡状态，带来价值体系和社会关系图式的变动和重组，继而将工业社会的逻辑强加于传统的乡村。

一旦一项具有异质性的科学技术进入村落，需要在土地大规模流转、劳动时间精确化、科技不破坏原有耕作系统的前提下，经过科技的进入→科技的获得与传播→科技的交流与更新的微观实践过程，渐次被村民掌握。

村落成为了中观运作逻辑与微观运作机制的交接与碰撞地带。

第六章，研究的是变迁中的村民与村落。在个体层面上，样本村农业科技的变革，不仅带来了村庄的经济腾飞，同时也涤荡着村民的传统观念，他们从传统体制下单纯的生产者转变为集多种角色于一身的生产经营者，价值观念亦呈现出现代化的特征，特别是在职业观、闲暇观、消费观、乡土观上发生了很大变化。其次，家庭的变化。无论是家庭劳动分工与科技决策，还是在夫妻关系、亲子关系方面，家庭中性别分层与代际分层的差距逐渐缩小，女性逐渐有了平等的话语权，夫妻间倾向于平等，子代开始占据优越地位。再次，在结构层面上，变化主要体现在社会交往、社会组织和市场结构三个方面。

第七章，是对村落变迁的意义阐释。第一，本研究通过对西北乡村调查得出的结论是：国家、市场与农业科技是村落社会变化的三股主要力量。从作用的深度看，农业科技对于村落的影响是深刻而且全面的，并在多次反复的互动中逐渐形成农业科学技术和村落社会的互构。第二，在传统农业向现代农业转变的过程中，最深刻、最本质的变化莫过于农民由小农向农业生产者的转变。农民在经济、政治、社会交往、文化教育及伦理观念上，正在向自己的过去告别。各个方面的变化相互影响、相互作用，并且会在相当长的一段时间内持续着传统→现代的发酵。第三，乡村变迁将是一个长期的动态分化过程，国家的意愿很大程度上决定着村落的命运。

第八章，拓展性讨论主要围绕两个方面展开，一是对本书的重要结论做了归纳；二是进一步探究了科学技术这一生产力在特定区域环境中，导致传统村落在内容、层次、速度、方向、动力、结果等方面所发生的现代转型。

2. 概念界定

（1）农业现代化。农业现代化的概念分为广义与狭义两种，狭义农业现代化仅指农业生产技术的变革。广义农业现代化包括协调发展的工农业关系、经济体制和组织管理的现代化，以及人的现代化。不仅仅是生产过程、农业技术和农业经济的现代化，也是与农业相关的包括农业生产者观念与文化、农业制度与农村社会组织等方面的现代化[①]。“化”是一个动态的过程，主要是指农业科学技术的发展及其在农业生产中的大规模推广应用，以及自给自足的传统农业向商品农业的转变。其中，农业科学技术是发展现代农业的内核，具体表现为农业机械化、良种化、化学化、设施化、水利化、生物化、生态化。本研究以农业现代化、城镇化、市场化为背景，以农业科学技术作为贯穿全文的主线，全面展现乡村社会结构所发生的变化。

（2）技术。技术，在本研究中特指设施农业技术。采用一定设施和工程技术手段，通过在局部范围改善或创造环境气象因素，为作物发育提供良好的环境条件，从而在一定程度上摆脱对自然环境的依赖进行有效生产的技术。其优势在于能缩短农产品的生长周期；提高农业生产抗御自然灾害的能力，保证农业生产的稳产、高产；提早或延迟产品上市时间，调节市场供应，提高单位面积的产量和产值。设施农业的社会学意义，在于改变了农民的生产方式和生活方式，有助于解决农民的就业和养老保障问题[②]。

（3）村落。何谓村落？综合学者关于村落的理解与界定无外乎强调村落的三种边界：自然边界、社会边界、文化边界。自然边界构成人们交往的空间与基础，有确定的地域范围和物质设施。社会边界是对村民身份的社会确认或法律确认，具有村籍就具有村民的公共待遇。文化边界即村民在心理上认可自己的村庄成员资格，形成相对封闭的村落社会关系网络[③]。本研究所使用的“村落”实际上就是一个村民的日常生活发生发展的场域，以主要从事农业生产的人群所组成的空间单元。

（4）社会变迁。社会变迁在社会学中主要是指社会结构的整体性、根本性变迁，它不是指社会某个领域的变化，而是指社会生活具体结构形式和发展形式的整体性变迁。我们如果把社会结构理解为社会生活和社会制度的规律性的（相对）稳定状态，那么社会变迁即可称为社会结构、社会关系、社会生活、社会观念、社会制度的变化[④]。古今中外的学者对于传统—现代的社会变迁研究可以说建树颇丰，其中最为著名的是，迪尔凯姆提出的“机械团结”与“有

① 杨万江，徐星明．2001．农业现代化测评［M］．北京：社会科学文献出版社：11.
② 朱启臻．2009．农业社会学［M］．北京：社会科学文献出版社：97.
③ 贺雪峰．2003．新乡土中国［M］．桂林：广西师范大学出版社．
④ 杨善华．2002．日常生活：中国村落研究的一个新视角［J］．浙江学刊（4）：79－80.

机团结”、斯宾塞提出的“军事社会”与“工业社会”、腾尼斯的“共同体”与“社会”，韦伯的两种对立社会类型以及帕森斯的“模式变项”等，他们的理论著述与研究方法对于后来者的研究提供了非常重要的理论资源与观点启示。20世纪80年代以来，中国乡村发生了一系列的变化，从家庭联产承包责任制、乡镇企业、农业产业化、村民自治、新农村建设到城乡统筹等，乡村的变迁不仅产生了深远的社会影响，而且日益成为学者们热议的主题与研究的主流话语。

第二章 区域与村落背景

一、区域背景：黄土高原上的小村

YL地处陕西关中，区辖5个乡镇与1个街道办事处，71个行政村，122个自然村。总面积135平方公里，目前城市建成区约16平方公里。总人口19.51万，其中，城市人口7.42万，农村人口12.09万，农村人口占总人口的比重为61.97%。区内交通极为畅达，陇海铁路及西宝中线公路和西宝高速公路纵穿全区，便利的交通不仅带来了物流、人流与资金流，极大地方便了村民南来北往，而且对于促进农业产业结构调整与产业升级具有重要的推动作用。

就自然环境而言，YL的地势南低北高，依次形成三道塬坡，海拔435～563米。境内塬、坡、滩地交错，土壤肥沃，适宜小麦、玉米、高粱、红薯、油菜、苹果、猕猴桃等作物生长，属暖温带季风半湿润气候，四季分明。常年光能总辐射量114.86千卡/平方厘米，年日照时数2 163.8小时，年平均气温12.9℃，平均降水量635.1毫米，平均蒸发量993.2毫米，湿润指数0.64，无霜期211天。受西伯利亚及蒙古一带冷高压和西太平洋副热带高压的影响，各季节的气候特点是：春季气温回升，降水渐增，占全年总量的23%。冷空气活动频繁，温度变化较大，易有春旱和大风天气。夏季降水占全年总量的43%，多阵雨和暴雨天气，强度大且分布极不均匀。炎热高温，平均气温25℃以上。秋季从10月下旬开始气温迅速下降，雨水较为集中。冬季降水最少，寒冷干燥，降水占年总量的3%[①]。

就历史文化而言，YL是中国农业文明的发祥地，5000多年前农业始祖后稷就在此教民稼穑、树艺五谷，周秦文明发祥于兹。“且邻马融扶风之绛帐镇，张横渠之绿野亭，眉县李柏诸儒故里亦相接近，聿术环境允称美善。而隋文帝之泰陵、唐太宗之悬弧处均毗连左右，创业君主之迹昭然可考”。汉至唐，以“曲辕犁”为代表的农具应用于农业，境内和整个关中地区的传统农业体系渐趋完善[②]。但由

① YL地方志编写委员会.2004. YL地方志［M］. 西安：西安地图出版社：63-64.

② YL地方志编写委员会.2004. YL地方志［M］. 西安：西安地图出版社：407.

于频繁的自然灾害与战乱，农业生产长期发展缓慢。1934 年，于右任先生和杨虎城将军发起建立了西北地区最早的农业高等学府——国立西北农林专科学校。1979 年成立 YL 特区之前一直归属武功，1982 年 YL 作为独立县级行政建制归由宝鸡市管辖，1983 年划归咸阳市管辖。1997 年经国务院批准，YL 成为我国唯一的国家级农业高新技术产业示范区，直接归陕西省管辖。

W 镇位于示范区西北部 12 公里处，是隋文帝泰陵所在地。全镇总面积 26.6 平方公里，总耕地面积 2.8 万亩*，下辖 19 个行政村，61 个村民小组、5 033户，总人口 2.3 万人，是一个典型的农业镇，目前已初步形成了设施农业、小麦良种繁育、畜牧养殖、杂果种植、苗木花卉五大产业发展格局。2008 年以来，W 镇共建成一期、二期设施农业园区 6 700 多亩，建成日光温室大棚 2 900 多座，成立合作社 50 多家，土地银行 15 个，聘请了农民技术员 32 人服务于全体大棚种植户。新增经济林果面积 3 300 多亩。引进本香、秦川牛、赛德、新华府、森淼种苗、康龙菌业、汇承果业等一系列涉农企业和合作社，占地 6 000 多亩。通过调整产业结构，W 镇由原来一家一户的分散经营向适度规模化生产转变，传统的身份农民向职业农民转变。务棚农户单棚年收入平均达到 1.5 万～2 万元，在园区打工的人均年收入也在 1.5 万元。2011 年 W 镇农民人均纯收入达到 11 440 元并被确定为陕西省 30 个重点示范镇之一。

西村地处 W 镇政府西 2 公里处，杨泉路中段（距离 YL 城区约 8 公里），土地平坦，水利设施齐全，交通便利。现有 4 个村民小组，耕地 1 158 亩，农户 285 户，1 193 人，劳动力 784 人（表 2－1）。从性别结构看，男性有 621 人，占总人口的 52.1%，女性 572 人，占 47.9%；从文化程度看，文盲 384 人（含 7 岁以下未进行九年义务教育的儿童），占 32.2%，小学文化水平的（含小学在读的）有 68 人，占总人口的 5.7%，初中有 465 人，占 39.0%，高中、中专的有 141 人，占总人口的 11.8%，本科、大专水平的有 134 人，占 11.2%，博士有 1 人，占 0.1%。从就业状况看，在 1193 人中有 13 个缺失值（统计表中显示的性别均是女性，且职业一栏中是“出嫁”，占总人口的 1.1%），在剩下的 1180 个变量中，无劳动能力的有 228 人，占总人口的 19.1%，有劳动能力并且已就业有稳定收入的有 691 人，占 57.9%，有劳动能力但是未就业的有 66 人，占总人口的 5.5%，目前在学校就读的学生有 195 人，占总人口的 16.3%。

---

* 亩为非法定计量单位，15 亩＝1 公顷。——编者注

该村长期以来都是以粮食等传统农业生产为主，2003年开始种植猕猴桃。在年轻人大量外出务工之前，村民把所有的精力都花在了土地上，土地被反复的利用，劳力和资金被大量的倾注于土地上，因此“农业内卷化”现象曾经非常明显。截至2008年，西村粮食面积868.5亩，占土地总面积的75%，猕猴桃115.8亩，占总面积的10%，养牛养猪共185头。2008年以后，粮食作物面积大幅度减少，设施农业从无到有迅速培育起来并实现了规模化发展，主要品种有圣女果、番茄、黄瓜、甘蓝、西瓜等，促进了当地农业产业结构的转型，土地的利用率和产出率逐年提高。

表2-1　西村人口基本信息表

样本特征	特征值	频次（样本数784个）	百分比（%）
性别	男	428	54.6
	女	356	45.4
年龄	16～25岁	180	23.0
	26～35岁	237	30.2
	36～45岁	145	18.5
	46～60岁	222	28.3
文化程度	文盲	65	8.3
	小学	18	2.3
	初中	427	54.5
	高中中专	139	17.7
	本科大专	134	17.1
	博士	1	0.1
就业类型	就地转移	265	33.8
	外出务工	441	56.2
	自主创业	78	9.9

本研究之所以选择西村作为调查对象，主要基于三点考虑：第一，西村处于西北黄土高原上诸多封闭而默默无闻的村落之一，既没有名垂千史的古老故事，也没有值得颂扬的现代传奇，从某种程度上讲，正是因为它的普通构成了入选的理由。从经济上看，具有明显的农业经济特征，大棚种植是村民的主要职业，蔬菜瓜果收入是村民的主要收入来源；从农业发展历程看，西村从20世纪50年代开启了由传统农业向现代农业转型的大门，经过60多年的积累酝

酿，2008年起通过发展设施农业加快了转变步伐。我们陆续用了五年的时间在YL调查了12个设施农业型村落，它们是XX寨、XX村、G村、MJ寨、LJ村、WX村、RJ堡、CJ村、TZ村、LD村、GJ村、TJ村，分别与示范区领导、乡镇党委书记、乡镇长、村支书、村长、专家教授、涉农企业负责人、农民技术员、村民等各类人员进行了深度访谈。本研究运用类型学的研究方法，给12个村庄统一取了个学名“西村”。正如学者李培林调查广州“城中村”时所说，“在现实中有一个村作为基本的塑造底版，但却具有许多原型，我把这些原型中最有代表性的那些特征和故事提炼出来，用这些来自生活的原始素材，像机器压缩饼干一样，压缩成‘羊城村’和‘羊城村的故事’”[①]。本研究将西村作为目前中国乡村中处于农业现代化背景下的村落“缩影”，将具体的村落研究上升到对中国这一类型的村落的整体认识，从而在“地方性知识”和“整体社会知识”之间找到一个结合点，折射出中国乡村变迁发展的轨迹、经验和启示。

第二，西村具有“村落共同体”的基本特征。“村落共同体”源于卡尔·魏特夫的“共同体”概念。虽然杜赞奇不认同中国传统社会的基本单位是村落，但仍然强调了“村落共同体”的一些重要特征，其中之一就是内聚性。这种内聚性包括以下几点：①具有明确而稳定的边界；②具有很强的封闭性，存在明显的“排外”现象，本村人与外村人具有明显的身份差别，获得村民身份具有比较严格的条件；③具有高度的集体认同感和高于个人层次的集体生存利益；④内部具有比较密切的互动关系；⑤是下层合作的中心，存在集体的行动和仪式；⑥道义的权威中心。总之，中国传统社会的村落是一个封闭的结构完整、功能完备的基本社会单元[②]。杜赞奇的描述说明了“村落共同体”的两个重要特征：土地与内闭。因为土地，所以村民聚居；因为土地，所以村落有明显的边界；因为土地，所以村落可以自给自足，从而呈现封闭状态；同样因为土地，村民对集体才会有高度的认同感。

对于一个具有共同体性质的村落是怎样发生现代转型的，本研究做了追踪式调查。西村的设施农业由弱到强经历了7年的发展，对于研究者而言提供了一个绝好的近距离观察的机会。山东寿光的农村因为引进农业技术而发生的变

---

① 李培林．2004．我研究“村落终结”的方法［J］．思想战线（1）．

② 刘玉照．2002．村落共同体、基层市场共同体与基层生产共同体——中国乡村社会结构及其变迁［J］．社会科学战线（5）．

迁以“完成时”的状态呈现出来，而西村由于农业技术而引发的村落变迁恰好处于“进行时”，研究者可以从最开始的起步阶段进入→快速发展→成熟期→效应期，翔实地记录村落每个阶段的发展状况，这一过程的学术研究是充满张力的。与此同时，我们辅助性地选择了设施大棚起步较早的山东寿光2个村庄（三元朱村、前曹村）作为“他者”，进行东西部的对比参照研究，以便更加全景式的展现农业科学技术对于村落变迁的影响。

第三，关于村落变迁的现有研究成果虽然建树丰硕，但也存在三点不足：①对于城市化背景下“城郊村”与“城中村”等非农业型村庄的研究较多，如李培林的《村落的终结》，周大鸣与高崇的《城乡结合部社区的研究》，蓝宇蕴的《都市中的村庄》等，而忽视了农业型村庄在农业现代化进程中的反应与变化；②倾向于将现代化看作是一种传统→现代的演进，研究的落脚点多是代表“现代”的城市，而较少关注村落社会的变迁研究；③在以村落为对象的乡村社会变迁研究中，现有成果大多着眼于现代化起步较早、发展较快的东部或是中部地区，它们走过的发展道路与历史经验虽然对于西部具有一定的借鉴意义，但是，毕竟不同区域及村落性质在经济发展水平、文化历史、政治生态等方面差异较大，因此社会变迁必将呈现出不同的区域性格。在吸收既有研究成果并总结其不足的基础上，本研究以农业现代化为社会背景，以农业科学技术为切入点，以西北乡村作为特定的研究场域，阐释乡土社会面对科学技术的进入以及国家与市场的力量，发生了什么变化？为什么发生变化？如何发生变化的？变化的结果等命题。

二、西村历史溯源

商末，西伯侯夫人姓任，《春秋列国志》中记载称任国。周末迁往山东济南，后又迁至山西，由山西洪洞县大槐树庄迁往陕西后有三兄弟，中任（本村）为长兄，南任为二弟在周至县哑柏镇东西硫石村处，三弟在扶风县杏林镇为北任，三地同植土槐树，意在先祖为山西大槐树庄人（有任家堡族谱为依），三地地名同称为任家堡半沟。

现在本村有四个村民小组，一组任家堡（全姓任）；二组半沟（全姓任）；三组中村（以任、张二姓为主，一户姓解）；四组王家沟（以王姓为主，一户姓任）。新中国成立初，村中有农户60户，300口人，寺庙4座。

明堂寺，坐落于斜上村南。新中国成立初，属四社管理庙宇（任家堡、斜中、斜下、铁姜村)。由于唐人孙思邈在此济世救人，人们为了供奉纪念孙思邈，修建了此庙宇(祖上流传，唐僧取经时路过此庙)。庙会为每年农历二月初二，昼夜灯火通明、人山人海，四社汇聚在一起放烟花、耍社火、唱大戏，热闹非凡。任家堡社有皮影乐团、锣鼓队、秧歌队和仪仗队。1966 年“文化大革命”爆发后，破旧立新，庙宇被破坏，神像折毁，铁姜村毁地几十亩。现在的庙地仅有几亩之大。

任大善庙祠，始建于光绪十六年间。据传，当时人们饥寒交迫，自然灾害吞袭，病魔缠身无法医，而任大善敬奉菩萨，于三间庙中烧香拜佛。他研制了一种草药(此人有求必应、来而不避、分文不收)，使人们能从病魔中得以重生，所以，人们常来此求神免疾。他死后，为祭奠这位无私善人，人们在此修祠三间，故《任大善祠堂》，原址在半沟村村南坡口，因庙宇年久，被坡水冲垮，只幸存 3 间任大善祠堂。1990 年，将此庙祠合一迁移于斜上 3 组村南。

老虎城，属于汉遗址。据传，王莽在位，命追兵斩杀刘秀，刘秀由陕北向西逃亡，在荆棘遮掩中忽发现一座非凡城池，速往其中，那时正值夕阳西下，荆棘丛木陪衬，城池金碧辉煌，活现一只老虎，追兵中一官员忽叫“大虫”，即令追兵撤退。刘秀在此城中躲过追杀，幸存保命，后人从此将该城称为“老虎城”。1976 年农民平整土地，遗址被破坏，消失。

高庙古莲洞，重建于 1996 年，逐年累积兴建有 73 间房。清朝中期，回民反乱，折庙损神。善良先祖把神敬奉家中，乞求神灵普度众生，今庙中有古遗牌匾《仪型可式》为据，是清光绪十九年太师所书。现合名为高庙古莲洞，主持为任建昌。

历史上的记载早已成为过眼云烟，现代社会生活中发生的“大戏”如约而至。从 1949 年新中国成立到进入新世纪的 60 多年间，前 30 年，中国社会发生了翻天覆地的变化，既有高歌猛进的欢笑，也有曲折中的波动，社会主义制度和计划经济占据了主导地位，农业科学技术水平虽然有所提高，但是，国家整体实力的匮乏无力使之无法大面积推广。每年的种植计划按照上级的指令执行，生活上维持严格的米、面、油、肉、蔬菜配给制度，种地的农民连自身的温饱问题都解决不了，贫困成为笼罩在农民头上的挥之不去的阴霾。20 世纪 80 年代和 90 年代，以家庭联产承包责任制为突破口，中国农村释放了巨大能量，农民生活水平有了显著提高。进入新世纪以来，中央连续 11 年的 1 号文件以及农业科技进步和农产品市场化改革进一步走向深入，更加深刻地影响了村落的生产与村民的生活。

地处西北黄土高原上的西村，1949年后，历经土地改革、农业合作社、“大跃进”、人民公社、分田到户、外出务工……西村变迁的历史一定程度上折射了全国范围内农村的生产力与生产关系、生活方式与组织结构的发展变动规律。

（一）生产力与生产关系

中国大地上星罗棋布的传统村落千百年来遵循的一个共同规律是：日出而作，日落而息，凿井而饮，耕田而食。农业靠天吃饭，有雨就有收成，但凡遇到天灾人祸，往往十室九空。俗语说，“七十二行，庄稼为王”，农民的职责就是面朝黄土背朝天的辛勤耕耘，长辈对晚辈的谆谆教诲是：粮食，量势，有粮才有势。衡量经济发展的标准一直以来延续的都是：“今年是否大丰收”。

新中国成立前，西村人均土地2.5亩，地主、富农人均20亩，地少人多的人家靠打长工为生，全村读书者不到千分之五。1943年，村里有人挑担去西安卖油，一天能赚1.2元钱，在村里引起轰动并迅速仿效之，先后有20多人相继去了西安，以副养家，以商养农，借以维持艰难的生计。全村养牛不到20头，手推车10余辆。小麦平均单产只有90斤*，丰年能够达到180斤，棉花亩产11～15斤。

1951年10月，村里两个互助组试种新的小麦品种——碧码一号，来年的夏季获得空前大丰收，产量高达240斤/亩，全村哗然，初次领略到了新品种的威力，1952年后全部耕地换种碧码一号。1953年春，JSL、JXX去河南偃师买回红薯苗栽种，结束了过去用红薯切块埋母体发芽的历史，当年红薯获得大丰收，亩产上千斤，但由于不懂贮藏与加工技术，导致红薯大量烂掉，习惯于节俭的村民在可惜之余减少了播种面积。同年秋，县政府又从外地引进新式步犁4部。

1953年，为了确保国家统购统销政策的顺利实施，中央在全国范围内开展了合作化运动，其实质是对农业进行社会主义改造。西村顺应局势于1954年建立了初级合作社，实行统一管理、统一核算，土地、大型农具和牲畜作价入社，年底可按入社多少进行分红。劳动工值按照出勤记工，一个劳动力一年约200多个工作日，可以挣2 000多工分，约值60～70元钱。由于初级合作社属于半社会主义性质，实施过程中极易造成一些相互扯皮的事，曾经一度出

---

* 斤为非法定计量单位，1斤=500克。——编者注

现了“拉牛散社”的现象。所以，1956年快速过渡成一个高级合作社，土地、大型农具和牲畜的所有权与使用权全部归社里所有，社对队实行“三包一奖四固定”（包工、包产、包投资、土地、牲畜、农具、劳动力固定到生产队使用、超产奖励）的管理，计划经济模式此时已见雏形。在种植上，按照上级分配的面积下达粮食与棉花的死任务，即便是不适宜种植的地区也要完成，如果没有完成定产任务则不准私人养鸡；猪由生产队集体养，年终杀猪分肉，每人每年能够分到1斤猪肉、2斤棉花，1.2斤油。刨除这些分配用品的费用，收支能够达到平衡就相当不错了，还有一部分农户劳作一年还要拉账，熬煎的是“怎么过年”？在分配上强调三兼顾，即先国家、后集体、然后个人，但是高额的征购提留，让村民实在无力应对；商业供应上一律按照计划供给，村民被强行加入供销合作社与信用合作社。

1958年整个国家的形势发生了较大变化，提出“赶英超美大炼钢铁，跑步进入共产主义”的口号，经济上的“大跃进”使得生产力与生产关系的发展间出现不协调，随即改进生产关系敲锣打鼓建立起了人民公社。全村实行军事化管理——营、连、排的组织编制，建立公共食堂，吃饭不要钱，做活不记工，所有劳力分为1～8级，发9元零花钱。人民公社大刮共产风、搞平均主义的做法极大地降低了村民的生产积极性，“硬是把一亩地种成了7分”。40岁出头年富力强的劳力将胡子留的老长，时常捋着胡须说自己老了干不动了，30多岁的妇女头上顶个黑手帕，穿上大襟袄也在装老。村民们还就势编了一套顺口溜：“一级二级胡转呢，三级四级实干呢，五级六级磨面呢，七级八级上县呢”。另一方面，瞒产私分的生产队也很多，大队心知肚明只是嘴上不说。原书记RCX说：“当时村里每人分2斤棉花不够纺棉，妇女去地里拾棉花时，将籽棉塞进特意做的大裤裆，你偷我也偷，干部家属都一样，队长检查时只是做做样子，去的时候穿单裤子，回来就变成棉裤子了，我4个娃，过年旧衣服一拆洗，能穿上新花袄”。

农业生产大放卫星，一亩地虚报几万，16万斤，甚至45万斤。西村的一亩卫星田，深挖3尺，杀狗11条，上厩肥15大车，追肥20车，化肥几百斤，每天还从社员家中收集人尿制成尿素泼洒，下种量150斤。到了来年春季，麦子密不透风，底下的叶秆细小发黄，队里一边动员社员拔疏，一边用风匣给麦田里打气。好不容易等到收麦一过秤，亩产仅280多斤，虽然下种量大但是结出的麦子没仁。左的指导思想和大跃进的做法，不仅期盼中的理想蓝图没有实现，反而促使悲剧在1960年降临，上半年两个百日大旱使得粮食大减但征购任务不变，队上早已弹尽粮绝。到了1961年春后情况更加严重，粮价开始飞涨，麦子3元/斤，玉米2元/斤，水果糖12元/斤，猪肉10元/斤，一个馍涨至一块钱，万般无奈之下村民纷纷外出讨饭，公社派专人在村口阻挡也无济于事。国家虽然拨发返销粮，每月仅供应3～5斤，还有红薯干、萝卜干搭配代替食品，吃得人面黄肌瘦、频繁出现浮肿，队上只得把牲口饲料、籽种拿出来分给社员，有人情急之下当场生吃。即使妇女生孩子体虚，买红糖、醪糟都需要大队出条子。走投无路之下的村民，有的背着土布去周至山里或甘肃正宁换粮，有的背一篓20～30斤的麦秆到县上换粮票，有的偷偷收猪杀肉背到西安去卖，图的是有一口饭吃，图的是给孩子上学交每学期1.5元的学费。从村民口述的情况来看，似乎留下的只有贫困的记忆。

1962年，在国家“调整、巩固、充实、提高”的八字方针指引下，运动暂时告一段落，村里每人分了8厘自留地，情况有了较大改善。

1969年，陕南宁强县某部队办铜矿，村上组织成立基建队，由于RJS本人性格非常活泛，与当时的大队书记之间的私人关系非常要好，获准带领几十人远赴宁强做建筑，不仅工地上补贴有钱，村里照常计算工分，那时谁家能有20～30元钱就可以安稳过个年，有50元年就可以过得红红火火，要是能有100元全家老小就都有新衣穿了。所以，年轻力壮的小伙子都想出去挣钱并见世面、开眼界，以至于巴结RJS的人很多，但只有三类人可以成行，一是与村干部沾亲带故的人；二是在村里表现积极的村民也有机会；三是一些懂技术的人。到了80年代改革开放初期，村上在陕北的油田、咸阳飞机场、富平、宝鸡等地陆续包过活。经过40多年的历练，村中男性大多拥有了一技之长，1992年以前，没有考上学，从学校回来的孩子都从提刀的泥瓦小工做起，只要肯吃苦，跟着长辈慢慢做到有技术的大工，直至工长，最后个别的成长为统领百十号人的包工头。如今村里光是包工头就有10位，还有一位远走非洲做建筑。在学到技术的同时，村民的收入也在随行就市，1985年做瓦工时，一个小工每天的收入是1.7元，此后每两年工钱上涨一次；1990年大工每天的收入是4元，1996年大工的收入涨到10元，2000年大工达到30元，随后出现一年一涨的现象；到了2013年，小工和大工每天的收入分别是100元与200元。

十年“文化大革命”，政府对市场的管控非常严格，不允许商品私自买卖流通。自由市场被定性为“投机倒把”行为，买卖的人被扣上“投机倒把分子”的帽子。大队干部一般对村民的行为睁一只眼闭一只眼，息事宁人，但由于全国各地的风声很紧，在当地也设立了专门的办公室，“打办”人员随时在街上巡查。据村民郑某回忆，“公社会派纠察员去街道上巡逻，当时村民一般将自家产的鸡、鸡蛋等货品拿到医院门口卖。有一次，我去街道卖鸡蛋，遇上了纠察员，撒腿就跑，瞅见一个腿脚不便的卖蒜的老头被抓到，没收了全部的蒜。那些纠察员跟土匪一样的打砸抢”。从村民的轻描淡写中，可以体悟那个年代生活的无奈与悲愤。

1980 年正月，大队宣布实行家庭联产承包责任制，土地分到各户，牲口、大型农具、饲养室等折价卖给群众，土地按质量的优劣搭配承包到户。刚开始分田时，部分村民的思想还跟不上形势，认为“资本主义复辟了”、“社会倒退了”。但惯用的“运动式”的运作模式使得“政策一步连一步”，为了按时完成上级下达的任务，村里连夜分地到户。分地后的西村出现三种现象：①村民虽然没有土地的所有权但拥有使用权，种什么、怎么种以及余粮的处置可以自己说了算，所以，生产积极性空前高涨，当年实现麦子亩产 700 斤，玉米 800 斤，随之而来的是村民投资生产的积极性也高涨了。②随着分田到户，副业开始在村中出现。广播上宣布允许一部分人先富起来，ZYC 1983 年承包村里的代销商店，WSC 承包村上拖拉机，RBZ 自建商店，RFJ 在县城办商店，2 队的 RZC 去县城北街租房炸麻花，他们是村中第一批发家致富的人。③因为种粮只能解决吃饭问题，无法解决缺钱花的问题，所以，个别头脑灵活的村民开始试种经济作物，农业产业结构发生了转变，果园面积与种菜农户大幅度增加。

1989 年，深圳一家外资企业来 YL 招工，只有 10 个打工名额，通过疏通人情关系，WDG 的女儿与其他 9 个年轻女孩成为第一批外出务工者。从此，不仅她们自己的人生发生了巨大变化，也给留守者打开了另一条了解外部世界的路径。

从 1992 年开始，东南沿海一带的开发热潮将年轻人大量吸引到当地的电子厂、玩具厂打工，像种地这种又脏又累的活计只有村中 40～70 岁的留守人员坚守着，以至于出现了 20～30 岁的年轻人如果在家种地，连媳妇都说不下的境况，“种地不如打工，打一天工，可买一袋面”。如今外出打工已经很普遍了，现在村里 16～18 岁的年轻人只要初三毕业不再继续读书的话，几乎全部外出打工，务工作为一种职业，成为家庭的主要经济来源。

（二）生活方式与组织结构

每个地区都有其现代化的年表，西村 20 世纪 60 年代的现代化标志是照明，1961 年以前村民用的是煤油灯，昏暗不清、油烟缭绕不卫生，1962 年有了电灯。1962 年以后，有了初步的动力机械化，木制木轮大车换成了胶轮大车，到了 1966 年全村共 4 辆，每个生产队一辆。

70 年代种田用上了化肥。刚开始时，村民对新生事物的接受能力有限，免费分给都不要。当时村上在县里农机站有一名技术员，他凭借关系弄了一袋磷肥回来，呈黑灰色，给自家 2 分自留地里撒，村人见状问他：你撒的是啥？他开玩笑地说是蚕屎，村民信以为真，如今成为大家茶余饭后的笑谈。在那个“宁可挑大粪，不愿学理论”的年代，粗放经营，靠天吃饭，基本的温饱问题都无法解决。当事实教育了群众时，稀缺的肥料实行限购无法满足生产需求。

在那个以阶级斗争为纲的特殊年代，中央颁布了“五七指示”，要求大家以学为主，兼学别样，即不但学文，也要学工、学农、学军，要批判资产阶级。为了贯彻落实这一指示，大队组织大家挖地道、防空演习、军事训练、站岗放哨，时刻准备投入到战争中去。每村选拔 20 人集中到镇上统一训练打靶、投弹。村民 RJC 回忆说：“那时我是民兵排长，就在家门口放着 2 挺机关枪、15 支步枪，15 枚手榴弹，现在想想都觉着后怕。有一年大年初一早上，有村民起哄让我打枪听个响热闹一下，我往树上连发五颗子弹，弹弹命中”。

这一时期，传统的集市、庙会、祭祀、婚丧礼俗等全部当作“四旧”被废除或改造，不仅动摇了人们的信仰世界，而且乡村文化娱乐活动极其苍白贫乏，“白天干活，晚上读毛选”。每年 3 个月的冬季农闲时节，村里组织村民开展“土肥搬家”，就是将崖坡上的干土用架子车拉到位于地势平坦的田里，装满一架子车的干土需要两个劳动力配合完成。辛苦劳作后，四辆架子车前后对接起来，每辆坐 2 人共 8 人搭伙，坐在最前面的人掌握方向，其余的用脚控制速度，一段崎岖的下坡路犹如“风驰电掣般的坐火车”。年轻人从单调繁重的农活中苦中作乐，寻找生活的乐趣。

1979 年，县上给每个大队分了一台 14 英寸的黑白电视机，村民稀奇的不得了，这个能出声、能够看到影像的神奇黑匣子，每晚都吸引着村民或坐或站围着观看。到了 1982 年，村里有了两台彩电，一台是 4 组 JZP 的哥哥从台湾回来探亲时捎回的，另一台是包工头 WGQ 买的。1992 年以后，彩电基本替换了黑白电视机。电视带给村里的影响不容小视，通过它村民了解了市场行情与致富经验，知道哪里果蔬紧缺；通过广告知道了各种日用品的品牌，买东西时心里有了底，冰箱要买海尔、电视机买长虹、洗衣机买小天鹅、微波炉买格兰仕、农用三轮车买时风。当电视极大丰富与活跃乡村文化生活的同时，串门的人反而少了。

1982年，4队的LSS买了台手扶拖拉机，自家的地耕完后给全村人种庄稼，每亩地的费用是10元，因为收益不错，他先后又添置了1台拖拉机、旋耕机、耧车等机械，农忙时供不应求。

新中国成立前至1984年，90%的农户住土窑洞，仅有土木结构的老式房屋44间。当地村民受条件所限，居住房子有两种形式：祖辈流传下的厦房依坡盖，一丈五尺高的土墙上，架几个钏，一檐流水；窑洞则依崖坎而挖，平底拱顶。“单面厦子房，院子土围墙，睡的泥土抗，冬暖夏天凉”。1984年，村子从田沟间破窑搬迁于现在东西一条线规划的新庄。村里最早从事建筑行业的包工头——RJS，1984年第一个在村中建起了砖混结构的两层楼房，在当时还没有水泥的条件下，墙体用白灰与沙子沏成。房子建好后，引得本村与外村人络绎不绝地前来参观，村民还没见过城市样式的楼房。进入2000年，村中陆续出现了钢筋混凝土式的二层建筑，每层楼高4.2米，敞亮的铝合金窗户，红底配以金属铆钉的大门，外墙用灰白相间的瓷砖贴面，显得高大气派，屋内结构实现了功能化分区：客厅、厨房、卧室、卫生间。另一个趋势是，举家在外做生意或是本村小伙儿娶了外地媳妇的人家，兴起了在市内买房的风气，粗略统计已有30多户不在村中居住。

关中地区自古就有十年九旱的说法。1986年以前，村民都是住在塬上，沿着崖边建窑洞，以组为单位修建4个池子，将机井水引入池中，每户每天限量只能挑一担水。让ZZH至今记忆犹新的事情是，“15岁那年，村里有人娶回新媳妇，第二天大清早起来给全家人做饭，新郎到池里挑水时遇见早到的我，我开玩笑说，你回去把新媳妇叫来，我这一担水白送给你”。当时坊间还流传着这样的说法，“到西村宁愿给你一个馍，不给一碗水”。吃水比吃油难，更不用说用水浇地，农业完全靠天吃饭，村民形容说，“这都是挂在树枝上的钱，老天让你拿你就拿，不让拿你也没办法”。1986年后，全村整体搬迁到塬下的平原地带，1987年自来水入户，解决了长达数千年的用水问题。

1990年前，村里种地主要靠畜力，几乎家家都养牛、马等牲口。进入90年代以来，机械化逐渐发展起来。当时，全村拥有大型拖拉机2台，180型拖拉机6台，农用汽车2台。1994年又添置农用汽车1辆，农用机动车40多辆，全村两层楼房的比例约占35%～40%，彩电普及到各户，家用电器如VCD、音响、录放机、冰箱、洗衣机等已多家拥有，但冰箱和洗衣机基本上属于“炫耀型消费”，摆在家中充脸面，冰箱平均一天一度电的耗费村民舍不得，洗衣机只在一年到头的春节大扫除时发挥作用。

数千年来，村民出行靠的是两条腿，身体好的一天往返西安一趟也需要披星戴月、早出晚归；娶媳妇时想人前风光就借辆牛车，搬运重物时靠狗脊梁车，木制单轮，中间一个隔梁罩住车轮，两边放东西，肩上搭一个攀手，身体前倾，两只胳膊用力推行必须保持平衡；70 年代村里出现架子车，80 年代自行车慢慢多起来，村民对当时流行的三个品牌的自行车逐一进行了评价："永久结实飞鸽利，骑上红旗尽啜气"。LZG 1980 年经人介绍迎娶了邻村的任某。成家时，队里特地给了他一张自行车票作为结婚的礼物，他掏了一百九十七块钱买了一辆崭新的绿色飞鸽牌自行车。他骄傲地说当年能凭票买一辆自行车，这在整个西村都是件奢侈和令人羡慕的事。自行车驮着嫁妆，新娘步行，割 8 斤肉花了 6.4 元娶回媳妇。现在，为了卖菜方便和出入便捷，农用三轮车和摩托车家家都有，甚至在地里干活想上厕所、除夕去坟头请先人都骑着摩托，环保省力的电瓶车淘汰了自行车。

1996 年，全村街道用砖铺成，大大改变了以往道路泥泞不堪的出行条件，即便是雨雪天也可以穿皮鞋。2009 年，西村 4 个小组的通道全部硬化。2011 年 5 月 1 日，城乡之间通勤的 3 路公共汽车开始运营，4 辆汽车实行对开，每半小时一趟，始发站就设在村委会的大院里，途径三站就可以到达城区中心街。每天乘坐公交车的人很多，既有上下学的学生和打工人员，也有去城区买东西、办事、走亲戚的村民，公共汽车的出现延伸了村民的"腿和眼"，他们显得非常高兴和满意，"现在有了公交车真方便，才 1～2 块钱，想去哪就去哪，随手招随即停，方便得很!"

村中的通讯最早时使用的是原始的"喊话"，某人若要找张三，就站到高处向张三所在方向呼喊，中间的李四听到后就带话给王五，王五最终传达给张三。到了 60 年代，村中安装了高音喇叭，便于村民收听新闻简报及开会通知。1992 年，在咸阳彩电厂工作的 WDF 为了方便与家人联系，托了邮局一位熟人，花了 1 500 元第一个在家中装了固定电话，当时村主任、村委会都没有电话。1996 年，全村户装电话 14 部，2001 年户装电话大幅度提高。2002 年，WDF 和弟弟分家，电话分给了弟弟，这期间 WDF 家电话停了 7 年，彼此都是用手机联系，现在家里的电话是 2009 年装宽带时附带的。手机的最早使用者是外出打工的年轻人，最初的功能是为了方便夫妻之间与亲子之间的联络，后来慢慢发展成为捕捉市场信息的有效工具。年轻人追赶时尚频繁更换手机，就将淘汰下来的手机留给了父母亲，就这样，手机在村中逐渐普及。到了

2010 年，西村成为三网融合（电话＋宽带＋电视）的试点村，全村共有 152 户参加，村民之间可以用微网免费通话。

50—70 年代，村里孩子上学要到 10 公里之外的 XL，全靠两条腿走路，一旦遇到雨天，土路泥泞不堪又没钱买雨鞋，上学的孩子都打光脚，没有雨伞又买不起塑料袋，披张麻袋避雨越走越沉。需要住校的学生以麦草做褥子，一条被子半铺半盖，玉米面窝头泡在水里加点盐就是一顿饭。艰苦的条件下寄托着希望，“把书念成，馍就蒸白了”。1968 年，一场从城市到农村声势浩大的“上山下乡”运动拉开了帷幕，这场运动加深了人们对知识的轻视。十年“文化大革命”严重扰乱了生产生活秩序，尤其在教育制度方面，多数学校和政府机关都陷入停顿状态。老师失去了教学的心思，学生也觉得学不到有益的文化知识，纷纷逃课回到生产队挣工分。

1996 年村小学修建了 2 层楼房、教室 14 间，孩子们可以在宽敞明亮的教室里读书了。全村办起了 2 家理发店，1 家医疗点，3 家百货小商店，基本上都是“前店后屋”的格局，卖些档次不高的烟酒、糖果、饮料、糕点、针线等小商品。后来，有的商店附带开办了麻将馆，但凡遇到雨雪天，村民不想下地了，麻将馆里人满为患。可以说，遍布乡村各地的小卖铺大都是物美价廉或是假冒伪略商品的集散地，也是各类小道消息的散播地。

1998 年，RZM 为了给待业在家的儿子找份差事，买了辆夏利小轿车，让儿子在城内跑出租，这是村中出现的第一辆私家小汽车。这年的春节，儿子开车拉着 RZM 四处给人拜年，即便是往年都不太往来的亲戚也没有漏掉，图的是心理感觉好。如今，村里买小车的已有 25 户，最高档的座驾是包工头 RJS 的宝马。村中大型豪华客车 6 辆，往返于西安—宝鸡，大型平板货车 6 辆，远赴新疆拉货。按照村支书 RRQ 的估计，未来 5 年农村最大的变化之一将是小汽车的普及。

2009 年，全村卫生改厕 70 户，门前统建 164 户，修排水沟 2 400 米，安装路灯 90 盏。新建垃圾池 2 个，垃圾屋 1 座，全村环卫保洁员 4 人，每人每月 300 元工资，每户每月摊 2 元，镇里每月每户补助 2 元，由镇道路办按月发放工资。保洁员实行责任到人，挂牌上岗，每人负责 800～1 000 米的道路清扫、桶内垃圾收集、装倒垃圾屋的任务，4 人中选出一位班长，负责给收集垃圾屋的工人打电话，彻底改变了以往脏乱差的环境条件，建设生态美的“田园村庄”成为各级政府的发展愿景。正如村民们所说“基础建设促进了经济发展，家庭和睦推动了社会和谐，条件改变推动了产业发展”。

1983 年，高度集权的 YL 人民公社一分为三改制为乡镇，村革委会改为村民委员会。80—90 年代，村干部的主要任务就是配合乡镇开展两项工作：计划生育和催缴公粮。压力型体制导致干群关系极度紧张，“磨子天天转、干部天天换”，连着换了 4 任村干部都无济于事。用村民的话说，“村子乱，人心散，打架斗殴不断，不是三日停水，就是两日停电，村民怨声载道，群众没事干，盖庙都摔死人”，西村成了全镇出了名的“难过村”。

2002 年，在乡镇企业工作的西村人 RRQ 调回村里当村长，一直连任至上届（现为村支书）。在西村历史上，60 岁出头的 RRQ 是典型的社区生活再现者。他 1953 年出生，1973 年高中毕业时 20 岁，1976 年当上乡村教师并光荣加入共产党，1977 年荣任大队长，1980 年结婚成家，1982 年大儿子出生，育有两儿一女。RRQ 诙谐风趣地说，他经历了这个时代所有“不利”的政策，念书时，遭遇“文化大革命”；结婚时，国家提倡晚婚，自己不得不推迟婚龄；生孩子时，开始严格实行计划生育政策。他在位子上干了近 40 年，西村变迁的风风雨雨，他既是经历者也是见证者，其生命历程中每个阶段的使命都折射出当时的时代背景与文化习俗。改革开放前，作为村庄的当家人，他严格听从上级的指挥安排管理村内大大小小的事务，几乎没有发挥自己独立性和创造性才能的空间。改革开放后，在国家放宽农村政策，搞活农村经济的大环境下，基层组织有了更多的管理自主权和个人能动性，当然，管理的幅度也比之前宽泛许多，包括基础设施建设、基层社会稳定、环境卫生整治、田园村庄创建、技术培训、红白喜事、纠纷调解、征收新农保新合疗、产业发展、群众路线教育等。在任期间，他主抓了三件事：摸村情对症下药，化解矛盾纠纷；站稳脚跟，理清工作头绪，先后完成打机井、改造低压网线、生产道路及街道硬化等工作；带领村民发展产业，尤其是 2008 年以来发展设施农业成效显著，形成了北菜南果的产业格局。

第三章　农业现代化的发展历程

中国在 20 世纪 70 年代开始提出农业现代化的问题，其实早在这之前就已经有所积累。西村农业现代化的发展历程，与国内其他区域的乡村一样，经历了大致相同的变迁历程，只是“化”的内容与程度在不同的时间点上有所差异。

一、农业生产资料的变迁历程

（一）耕作系统

在作物种植方面，新中国成立初期水利条件较好的三道塬，每年在中秋至霜降时节种小麦，来年的六月收割小麦，收割后立即种玉米，玉米的生长期短，到了中秋节就可以收获了。大部分旱塬推行“三为主”的传统轮作制，即：农作物以粮食为主，粮食以小麦为主，小麦以歇茬麦为主，小麦占粮食作物面积的 50%～60%[①]。1956 年以后，随着水利设施的发展与化肥的使用，复种指数不断提高。西村的农业一直以粮食为主，到 1989 年，全村粮田面积占耕地总面积的 75%，粮食总产量达 87 万千克。70 年代初期，随着水利事业的发展和化学肥料施用量的增加，耕作制度逐渐形成了一年二作的模式，主要品种是小麦和玉米。这两项作物一直到 70 年代仍然占据整个耕种面积的 80% 以上，这表明长期以来农业结构保持稳定，没有向着高附加值产品的方向转变。过去，村民习惯于在后院里饲养两三头猪、十几只鸡，麸皮、剩菜剩饭作为喂养的饲料，收获的鸡蛋卖出去可以换取零花钱，“年头养猪年尾杀”，养猪被村民看做是“活期存折”。现在主要种植蔬菜很少种粮了，没有了喂家畜的原料，再加上村民认为饲养家畜不卫生，养殖业就从家庭转移到“工厂化”的企业中。在传统的耕作系统中，种植业和养殖业是紧密联系在一起的，现在则相互独立。

---

① YL 地方志编写委员会 . 2004. YL 地方志［M］. 西安：西安地图出版社：415.

（二）作物栽培

新中国成立前，生产用种由农民自选自留。新中国成立后农作物品种更新换代的速度非常快，差不多每三五年就有新品种培育出来。1964 年，境内各生产大队成立试验站，配有种子技术员，负责玉米制种和小麦提纯复壮工作。1972 年后成立农技站，配备种子专干 3 人。1983 年成立种子公司，1986 年陕西省农业厅确定本区为良种繁殖基地。以小麦为例，1950 年本地开始种植“碧蚂 1 号”，亩产超过 150 千克，1958 年推广“陕农 1 号”，亩产 200 千克以上。1978 年后，推广“小偃 6 号”，种植面积 80%以上，亩产 300 千克以上①。这些品种除在陕西关中地区大面积种植外，还推广到河南、安徽、河北、山东、江苏、山西等省部分地区种植。90 年代中期以后，品种更替频繁，“小偃 22”和“陕 354”分别占播种总面积的 38%和 16.7%。

50 年代末，YL 公社农林场在渭河滩建苗圃 210 亩，主要培育杨树和泡桐。80 年代，培育乔木和速生苗木，用于境内林木的更新。1984 年，苹果树育苗在全区兴起，1991 年后，苹果苗市场饱和，育苗面积骤减。1997 年示范区成立后，促进了全区以园林绿化为主的育苗事业发展，主要培育毛白杨、杜仲、银杏、苹果、猕猴桃、女贞、花椒等。而且，地膜育苗、塑料拱棚育苗等技术在生产实践中得到应用。同时，驻区科研单位的花卉研究、繁育、栽培技术也达到较高水平②。

至于经济作物，西村历史上曾经种植过黄烟、大葱、大白菜、西瓜、花生、棉花、芝麻、油菜等，但多用于自给不出售。1962 年，蔬菜种植面积 444 亩，其中商品菜 135 亩，主要品种有大葱、白菜、红萝卜。1986 年在 LT 乡 DWD 建立蔬菜生产基地，在省蔬菜研究所的指导下，进行地膜和塑料膜大拱棚栽培，亩产 3 500 千克以上。1996 年起，陆续在 NZ 村、DJ 庄、HJD 村建日光温室大棚，到了 1998 年年底，全区蔬菜种植面积 4 291 亩②，蔬菜渐成村民的主要经济来源。

（三）化肥农药

因为肥料在农业生产中占有非常重要的位置，所以自古就有“庄稼一枝花，

①② YL 地方志编写委员会 . 2004. YL 地方志［M］. 西安：西安地图出版社：415.

② YL 地方志编写委员会 . 2004. YL 地方志［M］. 西安：西安地图出版社：419.

全靠肥当家”的说法。50年代，西村农田用肥全部是有机的农家肥，60年代开始使用化肥，按照耕地多少由国家配备，县供销部门分给大队，大队再分给生产队。进入80年代，无论是粮食作物还是经济作物，百分之百上化肥，而且施用量不断增加，从70年代亩均不到10千克，增长到80年代的60千克/亩以上。进入2000年以来，小麦、蔬菜专用肥和红果88、果壮丽素等植物生长调节剂、激素、微量元素等化学生物制剂在生产中得到广泛应用①。1990年以来，开始推广玉米秸秆还田，做到废物利用，以增加土壤肥力。

在植物保护方面，由于耕作制度及生产条件的变化，农作物种类不断增加，境外的病虫害也随之传入，加之不注意保护生态环境，天敌的减少，农作物的病虫害种类及数量呈现上升趋势。新中国成立前采用扑打、围击、夜间燃火诱杀、深翻灭卵等方法防治害虫，但对作物病害束手无策。50年代中后期开始施用六六六、DDT等杀虫剂；70年代采用生物制剂防治；80年代以来，农作物病虫害的防治方法更加完善，采用轮作倒茬、合理密植、科学施肥等综合措施；90年代采用杜邦巨星等新型除草剂效果显著②。农药的使用方法开始时是用手撒，50年代用的是六六六粉，妇女将其装在袜子里，挑在木棍上敲，60年代使用手摇喷洒机，70年代以后一直用的是肩背的喷雾气，近几年来果园专用的便携式打药机用于生产。

（四）水利设施

关中属于半干旱地区，常有干旱发生，1929年大旱致使粮食绝收，自古以来就有“善治秦者必治水”之说。区内三面环水，水利建设发展较早，历史上先后修建了成国渠、渭惠渠等。1958年国家提倡兴修水利，宝鸡峡二支渠、渭高干渠等大型引水工程先后修建完成，基本解决了土地用水问题，80—90年代开展了以打井、维修水利设施、节水灌溉工程为中心的水利化建设③。1971年西村利用机械化手段打成了第一眼高原深机井（202.4米），到了1998年年末，全区机井总数达265眼，灌溉面积近5.96万亩④，实现了渠井双灌，争水现象鲜有发生。随后逐步完善了抽水站、蓄水、排水、防洪、人畜饮水工程的建设。近年来，由于水浇面积的迅速扩大，加之区域性干旱频发，用水量

① YL地方志编写委员会.2004.YL地方志［M］.西安：西安地图出版社：414.
② YL地方志编写委员会.2004.YL地方志［M］.西安：西安地图出版社：417.
③ YL地方志编写委员会.2004.YL地方志［M］.西安：西安地图出版社：418.
④ YL地方志编写委员会.2004.YL地方志［M］.西安：西安地图出版社：428.

日增，使得地下水位急剧下降。节水意识的形成，促使村民开始学习和掌握一些高科技的技术和手段，如滴灌、喷灌等微灌技术，耐旱性作物品种的选用，利用秸秆或薄膜覆盖减少水分蒸发等，可以保护水资源和提高水功效。

（五）农业机械

新中国成立前，农户的生产工具主要是“犁镂耙礳镢头锨，辘轳井绳水担桶”，直至80年代初，基本上沿用的还是几百年不变的人力为主、畜力为辅的农田耕作手段。1954—1964年，农业机械以拖拉机深耕为主。1957年，国家分给YL公社3台拖拉机。1965—1981年，农机拥有量增加，作业项目扩大到耕、耙、播。1965年，农副产品初加工实现机械化。1981年，村里有大型拖拉机118台，小拖拉机305台，配套农具665台件，基本实现了农田作业、农产品加工、农田排灌机械化。1982—1990年，小型农业机械发展较快[①]，但总体上来讲，耕作技术较为肤浅。到了1995年，农业生产从耕种到收割基本实现机械化，农业机械购置和使用日趋专业化，形成了一批耕、耧、收、运专业户。在YL，90年代中期以前，每年6月夏收时节，大街小巷、火车站附近随处可见甘肃农村过来的“麦客”，割一亩地30元，由东向西按照麦子的成熟期一路收割下去，这种境况持续到1995年前后发生了很大变化，联合收割机的出现扼杀了“麦客”职业。机械化生产既解放了大量的劳动力，又为农业生产由粮食为主转向蔬菜奠定了基础。

总之，从农业现代化的发展历程来看，良种推广、作物栽培、水利设施、配方施肥以及农业机械等现代化物质装备水平不断提升，全省耕种收综合机械化水平已达到47%，农村社会化服务组织稳步增长，为农业的进一步发展奠定了良好基础。

二、设施农业的发展历程

1978年以后，中国农业发展经历了三个标志性“拐点”：第一，农业经营体制率先改革，废除了人民公社制度，实行了家庭联产承包责任制。即在土地集体所有制的前提下，按照农户人口、劳动力数量，将土地分给农户自主经营。国家与农民之间订立合同，农民将一定数量的农产品上缴国家后，剩余部

① YL地方志编写委员会.2004.YL地方志［M］.西安：西安地图出版社：430.

分由农民自由处理。这样一来，个人的劳动付出与其收入水平直接挂钩，杜绝了过去干好干坏一个样的平均主义做法及“搭便车”行为，极大地调动了农民的生产积极性，从制度上解除了束缚农村生产力发展的障碍，为往后农业结构调整创造了物质基础，为以市场为取向的经济体制改革开辟了道路。第二，科学技术对于农业的贡献份额逐年提高，农药、化肥、农膜、良种、机械设备、农业信息等先进生产要素进入农业生产领域，有力地推动了农业生产能力的提高。据农业部权威说法，至 2009 年科技对农业的贡献率已达到 50%①。第三，农业生产改变了局限于农业内部和农户内部的状况，已与工业和其他产业一样，属于社会化大生产的范畴。从生产资料、生产过程，到生产的产品，都是社会共同活动的产物。农业生产已成为一个跨产业、跨地域、跨家庭的行业。这是传统农业向现代农业转变的重要标志②。尤其是进入 21 世纪以来，连续 11 年出台的中央 1 号文件直指“三农”，反映了国家对农业、农村和农民的高度重视与改革的决心，农业现代化发展进入快车道。

对于西村而言，农业现代化进程中设施农业的出现，对于村落的变迁具有极其重要的意义。具体来讲，分为两个发展阶段，第一个阶段对村民进行了“科技扫盲”，汇聚了人气，但由于农业投入的不足、观念认识不到位以及整体社会基础的欠缺，设施农业属于小打小闹并没有形成气候。第二个阶段从 2008 年开始，示范区从上到下确立发展现代农业的决心气魄以及政策、财力支持的力度前所未有，西村抓住发展机遇，设施农业进入大发展阶段。

（一）设施农业起步

西村位于黄土台塬上，地势高、水利条件不好，村里只有 6 眼机井（2008 年前），主要靠土渠浇地，2001 年以前因为水源和技术问题，基本不种植耗水量大的蔬菜。2002 年，示范区控股的新绿公司落户西村，运作“公司+农户”模式的设施农业，公司与村上签订了 10 年合同，同时附加两个条件：甲、乙方不能随意更改合同，否则加罚；10 年期满后恢复土地原貌。村民们生平第一次接触到设施农业，无法想象一棚西红柿的产量能够达到几千斤，这带给大家的心理震撼是极具冲击力的。但意想不到的是，2004 年一场

---

① 农业部公布科技对农业的贡献率已达 50%[J]. 农村实用技术，2009(11).

② 徐勇.2011. 论农业生产能力与农户生产能力提高的非均衡性——以社会化小农为分析视角 [J]. 江汉论坛 (8)：6.

暴雨导致179座大棚倒塌，坍塌率占大棚总数的70%，运作三年损失了870万的新绿公司无奈之下被迫离开西村。随后村上协同镇里与示范区多次交涉协商，最终达成的决议是，大棚残骸由村里找人推走，一次性给村里补偿38万元。紧接着村里多次召开村委会议、党员会议以及村民代表会议，广泛征求群众的意见，讨论179个大棚怎么处理的问题。当时有两种思想不统一，70%的村民要求重建大棚，30%的村民要地复耕，最后商议的结果同时照顾到了两部分人的想法。对于不要大棚的村民每棚花费500元推平，共花销约3万元，需要重建的一亩地贷款950元，358亩地共花费34万元，剩下的1万元在4个村民小组间平衡分配。这样，124个大棚2004年又重新建立起来并分到各户，剩下的55座棚（主要集中在2组）推平后分给要地的村民。村支书RRQ回忆说："我的感受是，大棚分给私人比集体管理好，以前村民只是给企业打工，6～8元/天，现在分到各家头上与个人利益直接挂钩，村民积极性高涨，2004年冬季就将菜全部栽上，2005年就有了收获。当时还没有人来村里收菜，都是自己起早贪黑拉到当地的蔬菜批发市场卖掉"。2005—2006年每棚收入可以达到8 000元，当时小麦每斤只有3毛钱，玉米每斤还不到3毛，村民初次尝到了种植大棚的甜头。

新绿公司虽然走了，但大棚知识与技术却留了下来，当年公司远赴山东寿光三元株村请来王技术员，手把手地教会村民如何操作，村民才知道西红柿需要育苗、定植、倒茬、吊蔓，随后西北农林科技大学的张老师和郭老师也常来给农民培训，所以，村民对大棚的一般管理技术基本上有所掌握与积累。但是，总体来讲，2001—2004年的设施农业在技术、资金与管理方面存在三大问题致使其发展并不顺利：①缺乏技术参数，没有人知道怎样修建大棚，加上资金投入有限，大棚修建的质量欠佳。例如，棚体前檐高度不够，吊蔓拉起时操作人员易碰头；水泥骨架不结实，人站在上面左右摇摆，轻易不敢上棚；棚体坡度不协调，下雨时积水，下雪时不能自然滑下；棚体后坡塑料膜包裹不严实，10几天的连阴雨致使设施渗水坍塌，整个地表一片狼藉，"是棚不务菜，是地不种粮"。②管理水平不高，村民大多按照种地的老经验来从事大棚生产，没有发挥出大棚应有的效应。如，一个棚内种植的蔬菜品种繁多，既有辣椒、西红柿，也有黄瓜、茄子，因不同品种需要的温度、湿度各异，所以，无法达到专业化、标准化生产目标。③对农民的科技培训不足，镇里只有1名技术员，与村民的衔接不到位，远没有形成制度化、规范化的培训模式。当时村民挂在嘴边的顺口溜是"大棚菜，把人害，早上揭，晚上盖，农民背着高利贷，西村群众不喜爱”。

（二）设施农业大发展

按照“现代农业看 YL”的定位和“高产、优质、高效、生态、安全”的要求以及国家农业产业政策，YL 示范区从 2008 年起，规划用 5 年时间在示范区的西北部建设一个国际知名、国内一流的占地 8.3 万亩现代农业示范园区（一区八园五个万工程），将对我国干旱半干旱地区农业现代化发展起到重要的引领和示范意义。所谓“八园”是指，现代农业科技园、国际科技合作园、现代农业企业孵化园、种苗产业园、标准化生产示范园、科技探索园、农产品加工园、物流园 8 个功能园，充分体现规模化、标准化、设施化、产业化等现代农业特征。所谓“五个万工程”是指，万亩粮食良种基地、万亩标准化设施蔬菜生产基地、万亩林果花卉苗木繁育基地、万头奶（肉）牛良种繁育基地、20 万头良种猪繁育基地。其中，设施蔬菜生产示范区占地 15 000 亩。

在经营理念和运作模式上，YL 借鉴现代工业园区的做法来改造提升传统农业，从而实现现代化的农业生产。①农业生产的规模化。宏观上来看，我国处于工业化中期，城市化水平还不高，农民还不可能大规模离开土地；微观上，YL 当地的工商业发展一直以来都是弱项，拉力不足；家庭联产承包责任制在制度设计上使得人均土地面积只有 0.76 亩。要想农业发展、农民增收，只有通过现代农业园区才能实现生产要素的重新配置。②农业生产的集约化。通过园区集中建设水电路气等基础设施，提高单位土地面积上的投入总量；捆绑使用政府扶持现代农业的各项资金，改变以往撒胡椒面、小打小闹的做法。③农业生产的科技化与信息化。在规模化生产的前提下，农业信息网络能够下沉到社区，农业技术能够迅速推广，农民能够得到实用技术培训，新品种能够得到大面积使用。④农业生产标准化。便于开展农产品标准的实施、执行、监督以及检验检测，以提高农产品的市场认可度和打响品牌知名度。⑤农业生产的市场化。能够实现在生产地建设产地市场，通过园区将农民生产与市场紧密结合起来，同时，可以催生市场营销、仓储和物流产业的发展[①]。目前，园区已建成 10 个产地市场和一个占地 320 亩的果蔬交易大市场，使园区生产的各种农产品迅速进入流通环节。

根据现代农业示范园区的总体规划，西村确立了以设施农业为主导，二、

① 梁宏贤 . 2011. YL 现代农业发展的时间与探索 [R].

三产业、劳务输出并举的发展思路，通过土地银行流转了全村1 000亩土地，为农业的规模化生产和产业化经营奠定了基础。除了前期建立的179个大棚外，近三年全村又陆续建立了一些，现共有大棚212个，另外，还有540亩地种植猕猴桃。在基础设施建设方面，政府大力支持，群众紧密配合，每口井政府补贴2万，村里集资30万又打了6眼深机井。配套建设全村水利设施，修U型渠1.9公里，在地面80厘米以下埋设暗管5.2公里。为140座大棚配套节水灌溉、电力设施、卷帘机等设备。新修产业路2.6公里，顺利完成了农村电网改造与自来水入户工程；在资金投入方面，完成投资623万元，是前10年投资总和的6倍多。在传统社会，村落内部基于血缘和地缘形成了相对自足的社会系统，而村落之间缺乏有机的关联，更谈不上村落与国家及市场的对接。现在，西村是农业信息进村入户工程的试点村，全村2010年实现了手机、数字电视、宽带网“三网融合”，不仅为村民提供了各类农业科技信息，而且可以及时查阅最新市场行情。可以说，农业劳动者务农的同时也在从事商业活动。2008年年底，示范区免费组织500名农民到山东寿光参观学习，仅西村就去了30人。用村民自己的话说：“以前，政府的政策好，给农民一牙锅盔，农民没牙（指没有技术）；前几年农民有牙了，政府不给烙锅盔，始终是剃头挑子一头热。现在是既有牙也有锅盔，共产党给的馍你再不吃，饿死你活该”。在从业人员方面，务棚者中半数以上为初中文化程度（53.7%），高中、中专占22.3%，小学及以下占20.7%，大专及本科以上仅占3.3%；按照标准棚（50米）计算，村民中承包1～2个大棚的人数最多（55.3%），3～4个的占31%，5～6个的占6.3%，7～8人的占3%，9个及以上的为4.2%。大棚户中50岁左右的中年男性大都属于老一代回流人员，曾经的务工经历使得他们见多识广、视野开阔，成为从事现代农业生产的中坚力量。

由表3-1可以看出，2008年以来，西村通过发展设施农业确立了以设施蔬菜为主导，二、三产业与劳务输出并举的发展格局，改变了以往以传统农业为主的单一生产模式。①设施农业一枝独秀迅速崛起，212座大棚的参与农户有220户（主要是45岁以上人员从事该项劳动，约10户为青壮年），人数326人。其中，4座大棚种植葡萄，10座种植苗木，主要品种是玉叶兰、红叶碧桃、朱叶矮、小樱花，其余的大棚主要种植西红柿等蔬菜。而粮食种植面积下降到47亩。此番变化使得村民原来吃自销粮，如今变成商品粮。村里今后的规划是，在大棚种植传统作物的基础上，引进水果、花卉等附加值高的农产品，进一步改善目前较为单一的产品结构。②猕猴桃种植共有300农户参与，主要品种是：秦美、海沃德、脆香、徐香、西选、华优、黄金果等，形成了猕猴桃品种高、中、低层次化分布，减少了单一品种对市场的依赖。近年来农民收益不错，形成了“北菜南果”的产业格局。③养殖业从2008年的185头下降到2010年的90头。究其原因有二：一是村民以前大面积种植玉米、小麦拥有喂养家畜的饲料，现在如果再到市场上购买饲料来喂养明显不合算；二是中年夫妻经营2个大棚的劳动量已经饱和，再没有时间和精力去饲养家畜。如果想要改善生活可以非常方便地随时到集市上购买。④西村外出务工人员主要从事建筑业、数控、电焊、导游、家政服务行业等。近年在劳务人数中一个明显的变化是，区内务工人员增加，外出务工人数递减。村民通过理性算计，如果在家门口从事设施农业分化出来的相关职业，如经纪人、翻土工、包装工等，收入高且可以兼顾家庭与生产，何乐而不为？⑤西村的设施农业2010年人均收入为3 190元，占人均总收入的34.8%，粮食人均收入96.9元，占人均总收入的1.1%，工资性收入显著增加，园区务工人均收入达到2 000元，比2008年增长171.2%，占人均总收入的21.8%；外出务工人均收入1 288.2元，占人均总收入的14.1%。其中，设施农业与园区务工的收入占到了人均总收入的56.6%。全村目前有龙头企业一个——陕西太白绿农蔬菜有限公司，专业合作社两个：斜阳谷专业合作社和常兴果蔬菜合作社，土地银行一个。

表3-1 西村产业结构对比表

产业＼年度		2008		2009		2010	
		规模	占耕地%	规模	占耕地%	规模	占耕地%
种植业	设施农业（亩）			187	40	247	53
	猕猴桃（亩）	148	12	2	1		
	粮食（亩）	1 086	88	277	59	219	47
养殖业	养牛（头）	47		18		12	
	养猪（头）	138		115		78	
劳务人数	区内务工（人）	95		183		212	
	区外务工（人）	151		140		108	
	合计	246		323		320	

产业结构调整直接带来收入水平的提高（图3-1）。西村2009年农民人均纯收入6 408元，2010年农民人均纯收入为8 059元，2011年农民人均纯收入10 122元，增幅为25.6%，2012年农民人均纯收入12 800元，增幅为

26.5%，2013年农民人均纯收入达到14 720元，较2012年增长15%。农民收入的快速增长，得益于现代农业园区建设的发展，得益于设施农业、猕猴桃等主导产业的规模化发展。

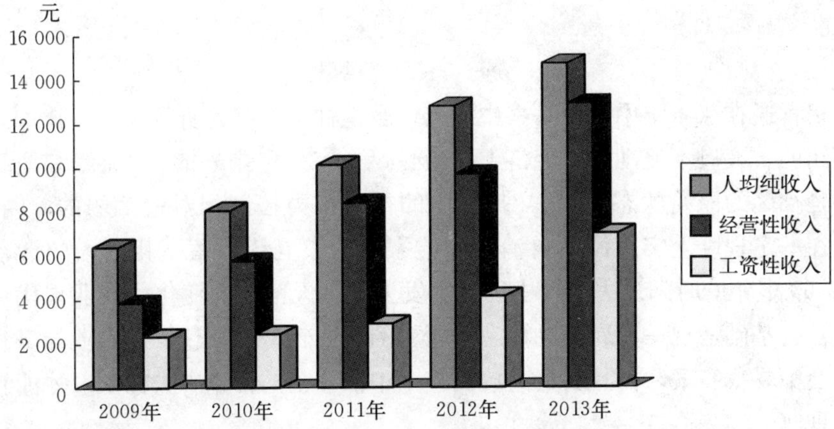

图3-1 西村近5年收入柱状图

第四章　农业现代化发展的社会基础

费孝通在《乡土中国》一书中指出，乡土社会有其自身的本色。比如，它是封闭的、人口不流动的、经济上自给自足、有一定排外的、“血缘和地缘的合一是社区的原始状态”。它又是政府的行政权力控制相对较薄弱的，因而，可以在一定程度上实行民间自治从而给家族的长老统治留下相当大的活动空间[①]。60多年的时间过去了，中国社会发生了翻天覆地的变化，农业现代化发展的社会基础呈现一种崭新的状态。西村的农业转型，不仅要从农业经济和农村社会中寻找答案，而且要将其放到整个中国社会的背景中去探求，才能有深刻的理解。

一、工业化、城镇化、市场化的发展

1949年新中国成立以来，我国走了一条在农业和农村积累原始资本支撑城市工业发展的道路，即“挖农补工”战略，长期延续的“剪刀差”导致了“三农”问题的恶化及城乡差距的扩大。在城市的工业体系日趋完备及实力日益强化的今天，工业反哺农业的物质基础已经具备。综观当今世界各国，凡是工业化程度高的国家，都有很高的农业生产率，说明工业化可以在很多方面影响农业。据统计，1998年我国人均GDP已超过800美元，到2004年人均GDP升至1 269美元，外汇储备升至6 099亿美元，第一产业占GDP的比重为13.4%，农业的就业份额为46.9%，城镇化水平为41.76%。2009年，农业占GDP的比重进一步下降到10.6%，对GDP增长的贡献率仅为4.9%，第二、三产业已是当前中国经济增长的绝对动力[②]。由此可见，我国经济发展已进入工业化中期阶段，工农关系的基本特征转变为“以工促农”，诸如，工业部

① 杨善华，侯红蕊.1999. 血缘、姻缘、亲情与利益——现阶段中国农村社会中“差序格局”的“理性化”趋势 [J]. 宁夏社会科学 (6) .

② 孔祥智，何安华.2011. 城乡统筹与农业增长方式转变：2001—2010年的中国农业政策 [J]. 教学与研究 (2) .

门的发展可以增加农业生产者对机械和生物投入等农产品的需求；由于工业专业化与分工的进一步发展，可以增加对于劳动力的需求；不断发展的工业经济提高了支持农业的能力，诸如扶持农村普通教育和生产技能的教育能力，支持发展更有效的交通和通讯系统的能力，加强为农村服务的基础设施建设能力等，从而为农业生产率提高做出贡献。“十一五”期间，中央财政用于“三农”的投入近3万亿元，是“十五”时期的2.6倍。总而言之，农产品的加工销售、涉农企业、专业合作组织及专业市场的出现，使得农业不再仅仅是占总人口近50%的农民的事，而且也包含了运输、储存、加工、保鲜、销售等其他行业的从业人员，工业的发展对于农业的转型具有非常重要甚至决定性的意义。

工业化的发展有效地催生了城市的规模与繁荣，1978年我国的城镇化水平为17.9%，2000年达到36%，年均增长0.8个百分点。2010年第六次人口普查数据显示，我国居住在城镇的人口已近6.7亿，占总人口的49.68%。2012年国家统计局发布的《2011年我国人口总量及结构变化情况》显示，2011年年末，我国城镇人口达6.9亿，城镇化率达51.27%[①]。这对于农业现代化和农村发展有着极大的影响和促进作用。首先，现代化要求农业为城市服务。如今人们的收入普遍提高，推动了食品消费结构的转变——从以主食为主转向主食、蔬菜、肉类等副食的全面需求[②]。其中，水稻和小麦在农作物总播种面积中所占的比例分别从1978年的23%和19%下降到2007年的19%和15%。蔬菜播种面积70年代仅占农作物总播种面积约2%，但到2007年，该比例增长了5倍多，达到11.2%。同期，油料作物（除大豆）播种面积的比例也增长了3～4倍。播种面积增长最快的是水果，近20年果园面积扩大了4倍多[③]。副食品需求量的增加直接通过市场价格反映出来，进而对农业种植结构的转型产生激励，土地的使用价值也随之发生改变。其次，城市市场为农村提供了范围广泛、日益增加的各种工业消费品，刺激了农业生产的发展。第三，城市为农村人口提供了更多的就业机会，不仅提高了他们的收入水平，经历了现代化的城市体验，而且更重要的是大规模的人口外流使得土地的规模经营有了可能。随着工业化、城镇化的推进，工业与农业之间、城市与乡村之间

---

① 向春玲．2012. 在城镇化进程中坚持统筹与均衡［J］. 学习时报（6）．

② ［美］黄宗智，彭玉生．2007. 三大历史性变迁的交汇与中国小规模农业的前景［J］. 中国社会科学（4）：74－88.

③ 黄季焜．2010. 六十年中国农业的发展和三十年改革奇迹——制度创新、技术进步和市场改革［J］. 农业技术经济（1）：7.

的相互联系将更加紧密、相互影响更加广泛、相互作用更加直接。

随着商品经济的深入发展，农产品的市场化取向，生产的规模化、专业化与机械化，使得农业的综合生产能力不断提高。一是商品化程度加速。农业生产连续八年增产、产量连续五年稳定在5亿吨以上，农民更多的是出卖自己的产品而不是自给，生产、消费、销售已卷入商品化网络中。二是人们收入水平的增加引起了对新鲜蔬菜、水果、乳制品的需求，但是，这些产品不像传统的谷类作物，保质期长，易于储存、加工和处理。市场化的发展解决了这一难题，专业合作组织可以将其快速地收购，四通八达的公路铁路可以将其迅速地运往外地；就地的加工企业可以将其加工成酱菜、果脯、果汁等成品出售，不仅提高了农产品的附加值，而且提升了当地的工业化水平。三是农业商品化程度的提高引起市场服务需求的增加。不仅产前和产后几乎完全从农业中分离出去，而且农业生产中的大部分服务性活动也由各类农业服务公司承担，从而极大地提高了农业生产社会化和专业化程度。从这个意义上说，没有一定市场化程度的农业，就没有农业现代化。

马克思在一百多年前曾经提出这样的论断，当农业发展到一定阶段时，“农业不能再在自己内部自然而然地找到它自己的生产条件，这些条件已作为独立的生产部门存在于农业之外”。西方各国资本主义农业的发展进程证明了这一论断的正确性①。目前的中国社会，农业在为工业、为城市、为市场而生产的过程中，早已不只是农村社会的农业，农业和非农业的联系日益紧密。除了上述内容外，还有许多其他迹象都可以证明这一点，如，农村中大量存在的“半工半耕”兼业户；农业产业化；资本下乡；乡村社区纳入城乡统筹进程；大众传媒的普及使得农村和城市的价值观越来越接近等。这一切都表明“量”的积累已经达到一定程度，预示着中国农业现代化发展与乡村社会的进步将进入一个崭新的时代。

二、强农惠农政策与资本投入

资本的积累和投入是农业生产增长和转化的关键，进入21世纪以来，国家逐步加强了农业、农村和农民的惠农强农措施。从历年中央1号文件看，2004年取消农业税，调整农业结构，扩大农民就业渠道；从2005年起切实加

① 许平．2001．法国农村社会转型研究［M］．北京：北京大学出版社：38.

强农业综合生产能力建设；2006年强调新农村建设，确定了工业反哺农业，城市支持农村的政策；2007年将发展现代农业作为工作的重心；2008年加强农业基础建设，形成城乡经济社会一体化发展新格局；2009年允许农民流转土地承包权；2010年积极推进城镇化建设；2011年锁定了水利基础设施，尤其是“最后一公里”的农田水利建设；2012年聚焦农业科技创新；2013年构建集约化、专业化、组织化、社会化相结合的新型农业经营体系，进一步解放和发展农村社会生产力；2014年全面深化农村改革加快推进农业现代化发展。优质完备的基础设施和先进的技术为农业的发展起到了保驾护航的作用。

2004—2014年连续11年的1号文件，虽然每年关注的主题时有切换，但是其中贯穿的主线却保持一致，即各项惠农政策注重对农业的投入（表4-1）。2004年中央财政用于农业的支出为2 337.6亿元，占当年财政支出的比例为8.2%，2009年支出的额度上升为7 253.1亿元，占当年财政支出的比例为9.5%，2011年中央财政的投入超过1万亿元，2012年，国家财政用于“三农”的投入将达12 287亿元，为现代农业的发展夯实了物质基础。2012年根据“国家支持粮食增产农民增收的政策措施”，中央又将陆续出台实施种粮农民直接补贴政策；农机购置补贴政策；提高小麦、水稻最低收购价政策；农资综合补贴政策；良种补贴政策；畜牧良种补贴政策；农业防灾减灾稳产增产关键技术良法补助政策；国家现代农业示范区建设政策；蔬菜流通环节免征增值税政策；基层农技推广体系建设政策；现代农业人才支撑计划；保护农民土地等财产权利政策；农民培训和农村实用人才培养政策；扶持农民专业合作社发展政策；完善农业保险政策；完善新型农村合作医疗制度；扩大新型农村社会养老保险试点政策等。一系列政策形成“组合拳”，重拳出击“三农”。

表4-1　农村税费改革、生产补贴、公共品投入及支持政策（2003—2010年）

时间	农民负担及税费改革	生产补贴	公共品投入（部分）
2003年	全面推开农村税费改革；专项治理建房、义务教育和进城务工乱收费；取消农业特产税；逐步降低农业税税率	继续实施良种补贴	加大农村中小型基础设施建设力度；探索建立政策性农业保险制度
2004年	降低农业税税率，取消除烟叶外的农业特产税；试点取消农业税；农村义务教育全面推行“一费制”	实施良种补贴、农机具购置补贴、种粮直接补贴	

（续）

时间	农民负担及税费改革	生产补贴	公共品投入（部分）
2005年	扩大农业税免征范围，加大减征力度	继续加大“两减免、三补贴”等政策实施力度；设立小型农田水利设施建设补助专项资金	加大对小型农田水利基础设施建设的投入力度；政府补助、农民自愿出资出劳，建立保障农田水利建设的长效机制；增加政府投入
2006年	全面取消农业税。防止“一事一议”加重农民负担。治理乱收费。对西部地区农村义务教育阶段学生全部免除学杂费，对其中的贫困家庭学生免除课本费和补助寄宿生生活费	对粮食主产区种粮直接补贴的资金规模提高到粮食风险基金的50%以上；增加良种补贴和农机具购置补贴；开始建立农资综合直接补贴制度	新增教育、卫生、文化财政支出主要用于农村，各级政府基础设施建设投资重点要放在农业和农村；推进农村综合改革；推进新型农村合作医疗制度试点工作
2007年	全面实现农村义务教育免除学杂费，对家庭经济困难学生免除课本费并补助寄宿生生活费	种粮农民直接补贴的资金达到粮食风险基金的50%以上；实施能繁母猪和奶牛良种补贴	实现农村最低生活保障制度全覆盖
2008年	全面实现农村义务教育“两免一补”		实现新型农村合作医疗全覆盖
2009年	对中等职业学校农村家庭经济困难学生和涉农专业学生实行免费	较大幅度增加农业补贴；实现水稻、小麦、玉米、棉花良种补贴全覆盖，扩大油菜和大豆良种补贴范围；逐步加大对专业大户、家庭农场种粮补贴力度	推行农村新型社会养老保险试点
2010年	继续推进农村中等职业教育免费进程	扩大马铃薯补贴范围，启动青稞良种补贴，实施花生良种补贴试点；把牧业、林业和抗旱、节水机械设备纳入农机具购置补贴范围；落实小麦最低收购价政策，继续提高稻谷最低收购价	逐步提高新型农村合作医疗筹资水平、政府补助标准和保障水平；扩大农村危房改造试点；继续支持游牧民定居工程

资料来源：孔祥智，何安华.2011. 城乡统筹与农业增长方式转变：2001—2010年的中国农业政策[J]. 教学与研究（2）.

另一方面，农业的活跃也吸引了大批社会资金、企业资本的投入。土地流转使得零散的土地连接成片，农业企业可以大面积的承包经营土地，实现规模化效益，同时也提高了外来资本投入农业生产的积极性。在YL，有些上了年纪的老人回忆说，其实早在80年代，当地就有了设施农业的雏形，但在那个时代科学技术没有得到推广，却与其他技术一起在当下得到普及，什么原因呢？答案只能是资金、市场等方面成熟的社会条件具备了。

三、大量青壮劳动力外出务工

改革开放以来，随着经济的高速增长，为农村剩余劳动力提供了大量的非农就业机会，尤其是20世纪90年代以来，市场经济的深入发展和沿海加工业的发展，带来新一轮的“离土”高潮，这实质上是传统农业社会向现代工业社会转型的重要一步，反映了转型时期中国社会生产关系和社会关系发生了深刻变革。据国家统计局监测调查结果显示，2009年，全国农民工总数达2.29亿人，其中，外出就业1.45亿人，本地非农就业0.84亿人。外出农民工比2008年增加492万人，增长3.5%。外出农民工以青壮年为主，16～25岁占41.6%，26～30岁占20%，31～40岁占22.3%，41～50岁占11.9%，50岁以上的占4.2%[①]。老一代农民工大多属于“候鸟型”，城市只是实现“生存理性”的中转站，最终的归宿指向流出地，这种流动本质上是在传统社会框架内进行的。而高达83.9%的新生代农民工具有定居城市的主观愿望。

根据2010年YL五个乡镇劳务输出名册，农村劳动力转移总人数为6 866人。其中，异地转移人数为4 051人，占农村劳动力转移总数的59%。男性2 816人，占外出总人数的70%，女性1 230人，占外出总人数的30%。农村劳动力就地转移的人数为2 815人，占农村劳动力转移总数的41%。男性1 868人，占就地转移总人数的67%，女性939人，占就地转移总人数的33%。其中，西村外出务工人数为441人，占村中适龄劳动力总人数的56.2%，文化程度以初中为主占54.5%。

当地外出务工人员倾向于在东南沿海或是西安、宝鸡等大中城市从事建筑业、电子业和服务业，务工者年龄主要集中在16～35岁之间，所占比例为外出总人数的76.5%。他们绝大多数都是初中一毕业（初中文化程度的占83%，高中占13%）就加入外出就业的行列，属于新生代农民工，基本上没有务农

① 国家统计局农村司.2010.2009农民工监测调查报告［R］.

经历，对农业生产不熟悉，对乡村生活缺乏感情，只是在春节期间短暂回家过年。可以说，工厂的现代化管理制度将他们与村庄生活割裂开来，如果条件一旦成熟或是机遇降临，他们将是“市民”的潜在后备军。对于35岁以上的转移者来说，一部分人在经过多年候鸟式流动之后，积累了丰富的社会阅历和工作经验以及相应的资金，转而回乡创业，有的承包大棚，有的做些小生意。外出务工改变了乡村的人口结构，年轻人的比例直线下降，老年人口比例较大而且老龄化的速度较快。从事大棚经营的都是中老年夫妻两人，村里基本上看不到年轻人的身影。问其原因，普遍认为在瓦拉车间（大棚内）里从事“手心流皮、脊背流汗”的农活，劳动强度大并且穿不了光鲜靓丽的服饰，村落生活单调贫乏，这一切都构成了强劲的“推力”。在我们所调查的西村，外出年轻人有300多人，占全村总人数的40%，处于学龄阶段的学生占16.3%，60岁以上的老人占11.7%，长期“锁门的”（举家在外）占2%，留下来务农的中坚都是35～60岁的中老年人，约占30%。发展设施农业之后，西村绝大多数家庭形成了“父耕子工”的经济模式与隔代家庭结构，年轻人外出务工，父母亲留在家里务农兼带孙子。与以往不同的是，留守务农者由兼业户转变为专业户，人均土地面积由原来的0.76亩扩大为3亩。

21世纪的中国农业依然是家庭经营的形式，如何实现农业的赢利？破解这个问题的思路是：在工业化和城市化的浪潮下，乡村中的青壮劳动力在“拉力”和“推力”的作用下大量外出务工。我国预计在2030年城镇化率达到65%，这意味着未来18年我们还有2.5亿人口进入城市。这样一来，赢利要求增加土地面积就有了可能。外出务工在很大程度上缓解了农业的“内卷化”程度，农民人均资源占有量相应地增加，农业生产效率和商品化率将得到提高，在比较完善的社会化服务体系支持下，可为生产规模的扩大、农业科技和物质装备的应用提供前提基础，同时，也将使得工业化、城镇化、信息化与农业现代化“四化”发展齐头并进。但是，这种可能只有在国家的扶持下才能变为现实。

第五章　农业科学技术的运作机制

现代农业科技要求实现大规模的统一耕作，需要打破原有的土地结构。在西村，一项以设施农业技术为导火索的外力导入，首先是从土地流转开始的，紧接着“多米诺骨牌”效应出现了，它打破了整个系统的均衡状态，导致整个系统的变动和重组，而变动一旦开始，就会受到自身固有动力的驱使，直到建立一个全新的系统。农业科技表面上看只是一种信号或手段，但实际上面对的则是一个新的社会和一个新的经济体系①。

一、农业科学技术的运作逻辑

（一）政治化的运作逻辑

在引进科学技术的过程中，意识形态和政治因素因其持有的优势资源而率先登场并扮演了决定性的角色。作为一个典型的“有计划社会变迁”的国家，政府在农业现代化进程中的技术推广、村民贷款、土地流转、组建合作社等方面无处不显示其强大的作用。这就引申出需要我们深思的问题：政府如何扮演好公正保护农户权利和维护经济秩序的“守夜人”角色？如何更多地依靠“看不见的手”来配置资源？科技的政治化运作是否离不开经济逻辑？

土地流转。政治化运作的核心问题是土地。设施农业需要集中建设占地面积大且为东西走向的大棚，但在当地，受自然条件的制约，分散的土地面积小且为南北走向，人均土地面积只有 0.76 亩，人均年纯收入 1 000 元，既难以产生规模效应也难以提高农民收入。为了实现园区的整体规划，必须将大量零散或闲置的土地集中起来，即通过建立科学、合理的土地流转制度，持久地调动并维持农民的生产积极性。但是，建设园区的土地在哪里？示范区不同于全国任何一个县级或县级以上政府所辖区域，有国有农场或林场。土地全在农民手中，只有采取农民自愿的方式才能取得土地的使用权。当地政府通过“合并

① ［法］孟德拉斯．2005．农民的终结［M］．李培林，译．北京：社会科学文献出版社：287.

改向、企业租赁、反租倒包、自愿互换、入股合作”5种流转模式，先后完成了3个乡镇、33个行政村、8 000农户的土地流转。截至目前，全区共流转土地2.76万亩，其中，西村累计流转土地1 300亩，土地流转率达到了90%。在YL，选择村两委会领导下的土地银行进行土地流转。土地银行的组建程序是：一是广泛宣传引导群众积极参与；二是村两委会推荐、农户选举产生土地银行理事会、监事会及理事长和监事长；三是土地银行将愿意流转土地承包经营权的农户吸纳成为会员。其运作方式是：一是土地银行和农户签订《农村土地承包经营权委托流转协议书》，把农户分散的土地承包经营权集中到土地银行，即“存地”；二是土地银行和专业合作社、入园企业签订《农村土地承包经营权租赁合同》，将土地对外转包和租赁，即“贷地”；三是土地银行按照合同约定收取地租并兑现到户，协调流转中的矛盾纠纷等问题。目前，成立农村土地银行28个，签订委托流转协议8 000份，土地银行为109个企业、合作社实现规模经营提供了土地。但是，土地的流转过程并不是一帆风顺的，由于农民传统的恋土情结与将土地视为“保险田”的看法，以及大部分农民认为每年700元/亩（每四年递增百分之十的价格）的土地租金太低，不足以保障其基本生活，而且他们认为种植粮食的收入比较稳定，而蔬菜水果的收益则受市场因素的影响不可预知。面对这种情况，除了自上而下的政策宣传外，2008年，当地政府先后3次组织500多名干部群众到山东寿光参观学习，并负担全部费用，通过真实的所见所闻，逐步消除了大家的误会偏见和抵触情绪。2008年12月，W镇凡有意承包大棚者先预交1 000元报名费，一期工程一次性报名830人。2009年2月开始建棚，8月31日全部建成并通过验收。政府通过“运动式”的行政动员方式显示了其强大作用并为现代农业的发展提供了巨大空间。

作为土地银行决策机构的西村理事会由5人组成，设理事长1人，理事4人，任期3年。西村党支部书记RRQ由村民民主选举当选理事长，也是土地银行的法定代表人。监事会是土地银行的监督机构，由3人组成，设监事长1人（党员代表RZX担任），监事2人，任期3年。目前，西村有232户农民的306.6亩土地存入土地银行，TB蔬菜有限公司（132.6亩）、XYG专业合作社（89亩）、CX果蔬菜合作社（85亩）从西村土地银行承租土地。每年5月20土地承包户交钱，7月1日准时给村民兑现。这样，从土地上解放出来的农民不但获得了和自己种地同等的收入，而且愿意的话，在原来的土地上打工又增加了一份收入，大大提高了农民的积极性。

班子建设。发展现代农业，建立设施大棚，关键在于有一套好的领导班子。示范区对于区内各局班子成员及乡镇干部，要求其包村包棚。文教局的LKX局长、ZGS局长和文化馆的ZMZ馆长、文物所的ZWP所长是西村的包村干部，在具体工作中实行“快马加料，慢马加鞭，死马斩掉”的做法，务实雷厉的工作作风近年少见，出现了“乡镇干部挽袖子，基层干部要溜子”的工作景象。当地政府同时运用行政手段制定奖惩措施，如，村长至少承包3个大棚，副村长承包2个；凡是完成大棚承包任务的村奖励7万元，并同时奖励乡镇5万元。相反，对于拒不执行的刺头连根拔，2009年，仅是W镇就将2/3的村班子成员换掉。有一件事让大家记忆深刻，当年修建杨福路，某村书记有看法不配合，镇上连夜开会免了此人，后来他找多人为自己说情，镇上干脆直接发文使之成为既定事实。W镇G书记说：“村干部要选能人、强人，并且要服从上级安排，怎样才能让其服从上级安排？管住钱袋子和乌纱帽”，“政策是硬杠杠，方法是策略”。

技术培训。示范区通过土地流转改变了土地的利用结构，由流转前的粮食种植转变为设施农业建设，实施农产品产业化、商品化生产，农业结构的变化直接导致了农业劳动力技术结构的变化，对技术型劳动力的需求增加。针对这一情况，当地政府计划利用三年时间（2009—2011）对区乡技术推广人员、示范户、农民、涉农企业等对象实施设施农业“十百千万”技术培训工程，即培养专业硕士研究生10名，高级农艺师100名，带动培训农民技术员1 000名，每年至少培训从事设施农业的农民10 000人次，三年累计培训农民3万人次以上。由政府财政支持聘请农业大学的专家、经验丰富的技术员提供公共农业服务，包括温室大棚施工技术培训、果菜类栽培技术培训、育苗技术培训、设施环境调控技术培训、作物茬口安排栽培培训、叶类栽培技术培训、病虫害防治技术培训等。

基础设施建设。俗话说“要致富先修路”，以前YL只有两条公路，现在不仅改善并拓宽了已有的国家公路和省级公路，而且重点修建了乡村公路。截至2011年年底，区内公路总里程达到313.26公里，农村公路路网密度为250公里/百平方公里。辖区内87个行政村的公路通达率达到100%，农村道路硬化率为80%，基本实现了辖区“九纵六横”公路网等级化的规划目标，初步形成了以YL为中心，连接周至、武功、扶风等周边县区，贯穿东西南北的公路路网格局[①]。便利的交通给经济发展提供了及时的信息，消除了封闭的地理

① YL规划建设局网页，http：//ghjsj.yangling.gov.cn/.

界线，形成了农村与城市、农村与市场之间的有机联系，商品周转速度加快、商品流通量大大增加。

目前，农业园区的基础设施建设已投资上千万元，完成了部分水利水源基础设施建设任务，其中，新打机井 23 眼，修复机井 4 眼，铺设主管道 30 公里，建成井房 21 座。电力配套设施建设方面，已在园区境内迁移、新栽高压电杆 300 多根，架设高压线路 10 公里，配套变压器 23 台，确保了园区建设用电需要。园区主干路网规划设计、资金预算等前期工作基本完成，产业大道建设工程已全面铺开，新开道路 13 条，平填坑壕 9 处、移动土方 31 万立方米。

推行农业标准化生产。园区按照生产操作技术规程要求，编制了标准化生产 9 个关键环节：定植、缓苗期、伸蔓期、开花初期、坐果期、果实发育期、膨胀期、成熟期、采收期，每个环节的注意事项与实施要则都有手册予以规范。另外，园区注重营销品牌，如西村生产的“一品西瓜”以皮薄籽少、肉细嫩软、甘甜多汁享誉周边地区。每个西瓜都张贴了二维码标志，消费者可通过互联网或者使用 3G 手机上网查询西瓜的种植户、种苗来源等产前信息；施肥时间、农药操作信息等产中信息；西瓜的采收时间、检验是否合格、整箱质量等产后信息以及西瓜的产地信息资料。标准化生产与品牌效应直接带来了经济收益，调查中瓜农 WSX 乐呵呵地说：“咱的西瓜品质好、卖价高，今年自开园以来，以 6 元/千克的价格被提前定购，比市场价高出两倍多，和种粮比较，种 1 亩地玉米才收入 1 000 多元，而按标准化要求种 1 亩地西瓜可收入 5 000 元左右，效益大大提高，我现在已经收入 2 万多元啦”！

资金支持。一般来讲，建设大棚花费较大的投入包括钢架、薄膜、卷帘机等，能够降低成本的做法：一是由合作社集体购买农资肯定要比单个农户划算；二是直补与贴息贷款，一个 50 米大棚的建设成本大约是 3 万元，基于资金与劳力方面的考虑，农户选择承包 2 个大棚的占多数，那么就需要 6 万元，钱从哪里来？园区的扶持政策是：“从即日起至 2010 年 6 月 30 日前新建成的日光温室，按照建设标准（长 50 米，宽 8 米），每座直补到户 1.5 万元。并由政府协调金融部门，根据农户信用等级情况，给农户每座温室贷款 1 万元，全额贴息 3 年”；“对 2010 年 7 月 1 日至 2010 年 12 月 31 日前建成的日光温室大棚，享受本办法规定补助的 50%，贷款贴息政策不变”。西村的 140 座大棚政府共投入补助资金 210 万元，拉动银行和民间资本 210 多万元，有力地促进了设施农业的硬件建设与农业再生产。

（二）市场化的运作逻辑

传统农业社会中的农民是沿着父辈的经验和自我对农作物的“感觉”前行，哪里有障碍、危险与坎坷都是熟悉的①。现代社会中农民选择一项新技术的同时，就等于选定了市场，它可能会带来农产品的流动及丰厚的收益，也可能将农民卷入一个充满风险的路途，最终的结果难以预料并令人焦虑不安。基于此，村民必须接受训练和获得信息以懂得和理解现代经济的基本机制，能够随着市场的变化行事和做出预测。

农业不是高附加值的产业，在 YL，从 2005 年开始，农户对土地和农业的投入逐年减少。如果农民种植小麦和玉米，刨除自己的口粮，扣除农药、化肥等生产成本费用，每亩地的收入大概在 300 元左右。因为种田不挣钱，大部分劳动力向非农产业转移。

一个社会如果处于自给自足的经济体系中，农业生产的目的仅是糊口，那么只有生产是重要的。但是，随着农村社区边界的逐渐开放，城市化、工业化浪潮的出现甚至与全球接轨，大批量销售才有了可能与意义，农业生产的目的转变为赢利。一切科技的和经济的思想体系都是建立在产量和效益的基础上，这样一来，农业的整个耕作系统会发生变化，很容易走向商品化的大众性生产：蔬菜与水果。看到这一变动，农民的“生存伦理”、“安全第一”开始向“理性小农”转变。他们采用先进的农业机械、化学生物等科技的目的是追求自身经济利益的最大化，在农业生产中选择、采用哪种现代化的生产手段和科学技术的基本原则是预期能获得收益大于预期所需付出的包括使用生产手段和

① ［法］孟德拉斯．2005．农民的终结［M］．李培林，译．北京：社会科学文献出版社：136．

科学技术在内的成本。现代农业的发展使得农民成为真正的市场主体并开始实现从“身份”向“职业”的转变。

传统农业要求人们什么都干、什么都懂，在马克思看来，“每一个农户差不多都是自给自足的，都是直接生产自己的大部分消费品，因而他们取得生活资料多半是靠与自然交换，而不是靠与社会交往”。随着市场化的深入和商品率的提高，农户逐渐向纯农户—兼业户—专业户的方向演化，最终带来专业化程度越来越高与劳动分工越来越细，进而带动农业生产之外的农业社会化服务的发展与繁荣，农业服务的项目、内容、收费等，都要以市场为导向实行等价交换。调查中我们发现，几乎所有的大棚经营者都不愿意全额负担设备费用，所以，就选择和邻居合买或租用他人的翻土机，他们一般都有自己固定的客户，需要时直接拨打电话联系，一亩地的费用为 80 元，远低于自己花钱购买。同时，市场化的快速推进也在客观上促成了政府的问题意识，生产出来的农产品怎么卖出去？目前园区已建成了 10 个产地市场和一个占地 320 亩的果蔬交易大市场，能够保障生产的各种农产品迅速进入流通环节。

（三）工业社会的逻辑

科技嵌入农业社会后将会影响到整个系统的均衡，带来价值体系和社会关系图式的变动和重组，继而将工业社会的逻辑强加于传统的乡村。

现代农业的时间与准则。传统的农业生产是在自然环境中完成的，每年只有 5 月和 10 月的播种和收获属于农忙时间，累计 15 天左右，6—7 月为田间管理时期，其他均为农闲时间。而设施农业是在“人工环境”中进行，已经没有农忙与农闲的季节之分，而且传统的农闲时间正是设施农业的农忙时节，通过人工控制微观环境使得果蔬能够反季节生长，提前上市卖得好价。所以，村民几乎每天都在大棚里管理、采摘蔬菜，改变了以往一年二作的耕作制。

现在村中年龄较大的农民依然习惯于按照农历来计算时间，如生日、播种、收获等，生产与生活安排与大自然一年四季的变换周期保持一致。他们不像城里人有周末的概念，即使周六周日在农忙时依然要抢农时劳动，周一到周五城里人紧张忙碌工作时，他们赶在农闲时可以安然休息。随着设施农业的到来，工业社会的时间表进入农业劳动，带来了围绕时间的一系列安排上的变化。工业时间最初是随着大棚雇工的出现而来的，雇工的费用需要按照小时来计算，这就带来了精确时间表以便与货币交换。大棚劳作还要服从于固定的时间表，村民像工厂里的工人一样按时上下班，作息表规定了一天8小时工作开始与结束的时间，并要在规定的时间内完成不同的内容，每项工作必须按照一系列的准则进行，如株距、株高、授粉、打岔、温湿度等。反过来它又进一步深化了精确时间的概念，谁抓准了时间就等于抓住了商机，如，抹花环节最好在一天内完成，这样才能保证坐果时间与上市时间的一致性；镇上开会或村里培训如果定的是下午2点30分开始，村民需要准时参加；“一袋烟的功夫”、“一晌午”的传统说法被精确的小时、分钟所取代，农业生产越来越按照科技的准则和精确的时间来管理，而不是父辈的经验与对土地的“感觉”，更与人们的出身没有必然的联系。

现代农业的组织形式和操作程序在一定程度上体现了工业社会的一系列原则，来自传统农业社会的村民必然要对这些工业社会的原则作出反应，在改变了的时空环境中，逐渐地自动接受现代社会的价值观念、生活态度和行为方式。作为现代化进程中起到示范带动作用的乡村精英，已领先一步具有了相应的工业理性，强烈的经济意识和自我保护意识使其在变化的国家和经济形势中主动采取措施寻求自身发展，充分体现了企业家的胆略和精明。

现代农业的分工与协作。传统农业需要从业者什么都懂，什么都能干，从最初的育种、种植、发芽、浇水、除草、上肥、收割、晾晒、脱粒、磨面到最终加工成成品的全过程都亲历亲为、独立完成。现代农业则需要劳动分工与协作，专业化、标准化、精细化程度越来越高。新品种直接来自实验室的研究，农民需要从技术人员那里习得技能；大棚如果需要投保，可以委托保险公司负责自家的农业保险；可以把销售的职责托付给合作社；可以从农资商店购买化肥、农药等生产资料。目前，YL有3个育苗基地，南面的新天地，育苗历史长且经验丰富，西面有赛德公司，北面有一家刚成立不久的台湾公司，工厂化育苗替代了田间育苗，使得设施蔬菜的生长周期延长。西村村民产前都习惯到新天地购买苗木，回来后直接在自家大棚内种植，期间如果需要翻土与授粉都有专职人员提供服务，销售环节则有经纪人代理，对果实的分拣打包也雇有专人办理。这样，劳动分工就打破了传统的“农民个人主义”，为新的革新创造了条件。至于协作，目前主要有三种形式：一是生产与销售的协作，中间的纽带是代办；二是生产者之间的协作，遇到抹花、翻土、覆膜等环节，需要更多的劳动力或是先进的农业机械，生产者与生产者之间的协作就出现了，有时这种协作关系在村落内部进行，有时会拓展到村际之间完成。特别是在每年的九月，大棚种植者彼此之间互相帮忙铺设大棚膜和防风防雨膜，搭伙育苗与雇请专人翻地、送肥料等；三是生产者与外界（政府部门、技术人员、银行等）的协作，能够确保生产者顺利地得到资金、技术等资源。三种协作形式使得传统小农的“独立性”逐渐丧失，越来越跳出村落的范畴，寻求更大范围内的交往与商机。

二、农业科技的运作机制

一般来讲，作为一项新技术必然具备一定的异质性，异质技术要被村民普遍接受需要经过认同—接受—消化—吸纳—内化的过程。在这一过程中，经济效益的刺激会对村民的接受起到较大的作用，但对于大多数较为保守、不愿承担风险的村民来说，政府的优惠政策和具体举措、乡村精英身上所表现出的工商精神、经济意识和非凡的、令人钦佩的勇气都会在关键时点显现①。

（一）土地、时间和技术

波金斯指出，传统农业的生产方式具有以下特征：①小规模、传统耕种技术、劳动密集型、满足家庭生存需要而非追求利润的生产。②农业系统对农业生产进行调整以适应生态变化和大规模劳动供给，能够较好的适应当地环境、已有资源与技术。③产出的增加靠的是对现有技术更精深的使用而不是技术更新来实现的②。2008 年以前的西村，像猕猴桃和葡萄苗这样的经济作物只是零星种植，没有形成气候，基本的农业产出依然是小麦和玉米。因为种粮不挣钱，所以村民只是为了自家口粮的需要而生产，或是仅对附近地区的有限小量供给而耕作，粮食生产的进步是有限的，增收也是有限的。这种生产结构不仅与当地人喜食面食的消费结构保持一致，而且深刻影响了土地的经营方式，一家一户平均占有不足 1 亩耕地，自给自足的色彩依然浓厚，农产品较少出现跨地区的流通；社会成员的分化也不明显，最终导致农业生产和社会结构呈现封

① 李明华．2006．经验中国：以浙江七村为个案 第三编：村落的技术［M］．北京：社会科学文献出版社：176．

② ［美］波金斯．2005．发展经济学［M］．北京：中国人民大学出版社：116．

闭状态和保守倾向。所以，我们认为，在农业内部很难产生变革的力量，农业生产者客观上缺少生产改进的科技和资金，主观上缺少生产变革的能动性。这样看来，从传统农业向现代农业转化的推动力只能来自于村落外部。正如张乐天在其专著《告别理想》中提及的那样："传统的村落社会犹如一个具有强大吸纳力的循环的陷阱……村落制度缺少内在的创新机制，村落的发展有赖于文化的输入或外部力量的推动"[①]。设施农业伴随着政府的强力推进与成熟的市场环境进入村落。

设施农业在农艺技术方面，取代传统种植似乎是件很容易的事，因为它们在具体的耕作方式上几乎没有很大的差别。调查中我们发现，村中原来的"种田好手"现在仍然是"务棚高手"。如果说二者之间有差别，主要表现在以下四个方面：

传统农业对自然地理气候条件的依赖性很大，西北地区自古以来干旱少雨且蒸发量大，村民祖祖辈辈面对的是各种充满不确定因素的自然环境，如干旱、虫害、冰雹等，所以，在乡村，民间信仰具有鲜明的地域色彩和乡土本色，希望通过虔诚的祷告与祭祀，祈求上天赐予风调雨顺、来年有个好收成。至今在关中农村的家家户户依然会在门厅的某个角落静静地摆设土地堂，"进门土地堂、家有万担粮"、"土中生白玉、地内产黄金"、"手中有粮，心中不慌"的说法一如往昔。而设施农业是在人工环境中操作，各项指标一定程度上可以人为调节，大大改变了以往"靠天吃饭"的格局。以前村民需要虔诚的祈雨，现在则害怕遇雨，一旦下雨棚内湿度大、温度低，容易起灰霉病、晚疫病和霉雾病。当地 2011 年的雨水特别多，降雨量至少是往年的 2 倍，俗话说，"墙湿一尺、地湿一丈"，连阴雨致使大棚倒塌现象严重。为了提前知道天气状况以便及时预防，农户们普遍用手机定制了天气预报，平均一个棚里安有三个温度计随时监控。调查中我们问询了关于"看电视最留意的内容"这样的选题，23.1％的被访者选择的是"天气预报"，排在各个选项中的第一位。

传统农业的季节性很强，24 节气对应了"春种、夏长、秋收、冬藏"的农事活动和生活安排。发展现代农业后，传统的小麦—玉米轮作制被专门化生产所替代，已经没有农忙与农闲的季节之分。和以前种麦子、玉米相反的是，7—8 月"休棚期"是一年中比较清闲的时段，11 月至来年的 2 月最为繁忙。传统农业生产不需要很精确的时间概念，子辈一代代地循环复制老一辈的生

① 张乐天. 2005. 告别理想：人民公社制度研究［M］. 上海：上海人民出版社：2.

活，以至于常常有一种身处“无事件情境中”的感觉。现在，村民们一天的工作日程是：冬季，早晨8点到棚里，中午12—13点从棚里回家，1～2个钟头用于吃饭休息，饭闭再返回大棚，下午6—7点回家；夏季，早上7点到棚里，中午12—13点返回，因为中午棚内温度很高，不适宜工作，所以下午4点才会到棚里，干到晚上7—8点才回家。村民们一般都是根据大棚生产的需要来定工作时间，冬天因为下午降温快，下午4—5点的时候就要把草帘子放下来，以保证棚里的温度。他们每天都有干不完的活：进棚时掀开草帘子采光升温，开风口放出潮气；温度高时亦要开风口，温度低了要放草帘子；温度在15～20℃时喷花；随时剪枝、点花、缠蔓；下雨天查看是否漏水……村民戏言“一旦下雨，以前没棚时从湿处往干处跑，现在有棚了从干处往湿处跑（意指从屋内到屋外）”。

设施农业与传统农业最大的区别还在于必须预先“投入”，传统农业靠的仅是劳动投入与前一年玉米小麦的留种，设施化生产需要预先购买产量大、果型好、抗病毒、耐储存、适宜长途运输的优质品种；需要到专门的育苗公司购买成苗，而不是产自自家地里的幼苗；为了提高效益，需要施用大量的合成肥料；因为棚内温度适宜，更容易招致病虫害，需要喷洒比以往更多的农药；需要更为精细的标准化作业，任何一个环节的粗放行为都将带来收获季推迟或是“颗粒无收”；不间断的生产，需要投入的劳动量更大。凡此种种，都需要为了不确定的结果预先投入及贷款，需要承担风险带来的内心焦虑与煎熬。这样算起来，设施农业的“生产成本”远高于传统农业，那么，农户为什么还会选择？答案是提高了劳动产量及收入水平，农民生产的目标就是为了追求货币收入最大化。

设施农业与传统农业的第四项重要区别就是科学技术。作为社会变迁的动力源，科技具备的特征表现为：一是先进性。即新要素较之传统要素在含金量上有明显的优越性，并且可以用具体的指标来衡量；二是可操作性。即新要素对于从业人员来讲实用易学，通过学习或培训后能够立刻应用于生产实践。两个特征对于从业人员有了更高的要求。而现实情境中农民需要什么样的科学技术？现代农业生产最需要解决的问题有哪些？带着这些疑问，2009年，我们在YL做了实地调查（表5-1），被调查者中30.0%的人需要的技术是“农药化肥”，其次是“栽培新技术”和“动植物新品种”，各占25.4%和21.6%，需求“滴灌技术”的比例是15.9%。数据显示，①在起步阶段农民需要的农业技术主要集中在能够立竿见影提高产量的农药和化肥，而同期我们在寿光三元朱村和前曹村的调查结果是，“栽培新技术”的需求以74.36%的比例遥遥领先。可见，农民对于技术的需求从简单到复杂呈现由低到高的层次，这与技术的第一个特征相吻合。②明显的技巧性。这种技巧只是掌握在少数专家手中，农民习得后不仅科技素质得以提高，而且能够以此打开市场赚取利润，这与技术的第二个特征相吻合。

表5-1　农民对于农业技术的需求

		回应		累计百分比
		频率	百分比	
需要的技术[a]	动植物新品种	194	21.6	64.7
	栽培新技术	228	25.4	76.0
	养殖新技术	14	1.6	4.7
	农药化肥	270	30.0	90.0
	农机	32	3.6	10.7
	滴灌技术	143	15.9	47.7
	农产品加工与储藏	15	1.7	5.0
	其他	3	0.3	1.0
	总计	899	100.0	299.7

注：a. Group.

“在农业生产方面最需要解决的问题”排在前三位的是：33.3%的被访者认为是“资金不足，自己无力投资”，27%的人认为“不懂技术或缺乏指导”，16.3%的农民认为最需解决的是“生产出来的产品怎么卖出去”（表5-2）。数据显示：传统农业生产中不构成问题的资金、技术和销售，现在则成为不得不面对的首要问题，即现代农业生产，需要“投入”不需要“预留”；需要“技术”不需要“经验”；需要“销售”不需要“自给”。传统农业与现代农业之间的差异正是转型时期的农民需要正视并要重新学习的内容。

表5-2　农业生产方面最需解决的问题

		频率	百分比	有效百分比	累计百分比
有效性	资金不足，无力投资	100	33.3	33.3	33.3
	不懂农产品的储藏与加工	2	0.7	0.7	34.0
	不懂技术或缺乏指导	81	27.0	27.0	61.0

（续）

		频率	百分比	有效百分比	累计百分比
有效性	不了解农产品的储藏加工	30	10.0	10.0	71.0
	生产出来的产品不知怎么卖出去	49	16.3	16.3	87.3
	其他	38	12.7	12.7	100.0
	总计	300	100.0	100.0	

（二）科技的进入

美国农村社会学家罗吉斯在《乡村社会变迁》中指出，引起社会系统变迁的新要素 90%是从系统外部导入的[①]。西村设施农业的进入也是通过自上而下的方式，依次沿着示范区→YL 区→乡镇→村庄的路径有条不紊的运作，即各级政府是科技运作的发起者与推动者，村干部是科技进入的具体执行者，广大农民是科技进入的落实者，这种做法极大地保证了行动的快速有效。

首先，建立了示范区现代农业园区管理中心的组织机构，明确了相关人员的工作职责与具体分工。

其次，出台了一系列园区建设政策，如，专项资金管理办法、温室大棚贷款贴息管理办法、鼓励企业科教人员农村经济组织进入园区的实施办法等。其中，重要的政策涉及三项，一是资金扶持。按照建设标准每新建 1 座大棚，直补到户 1.5 万元，原则上每棚贷款 10 000 元，全额贴息 3 年；在规划范围内高标准建棚的涉农企业、科教人员实行直补政策。连片建设大棚 30 座以上的，每棚直补 5 000 元，50 座以上的每棚直补 10 000 元。二是基础设施建设。农户、专业合作社、协会新建的设施农业基地，园区配套解决水电路以及棚内节水灌溉等基础设施。三是保障措施。园区办及有关职能部门免费为农户、企业、专业合作社、协会提供技术服务，制定生产标准，推广无公害生产技术；因发展设施农业，土地被企业和其他经济组织全部租用，且不从事设施大棚生产的农户，政府按照人均耕地 0.3 亩的最低生活标准，每年补助农户每亩地 800 斤小麦、800 斤玉米[②]；子女考上大专的一次性补助 2 000 元、大学本科

① ［美］埃弗里特·M. 罗吉斯. 1988. 乡村社会变迁［M］. 王晓毅，王地宁，译. 杭州：浙江人民出版社：16.

② YL 政府公众信息网，http：//www. ylqzfw. gov. cn.

3 000元等优惠政策。

第三，陆续出台了关于区级部门包抓“五个万”工作、组建土地银行加快土地流转工作、日光温室验收办法、规范标准化生产园区土地管理工作等通知，以保障机制建设的顺利运转。其中，在《关于在现代农业示范园区设施农业基地建设中推行“五统一”的通知》中指出：要对园区统一规划布局、统一设计监管、统一施工指导、统一技术服务、统一农资供应。同时，要求区农林局、区水务局、区国土局、区粮食局、区畜牧局、区财政局、区人劳社保局、区招商局等30个部门，围绕现代农业园区建设找准定位，明确各自的主要职责与工作任务。另外，制订了农村土地银行章程、机构设置、土地承包经营权流转模式，由土地银行与会员签订《土地承包经营权委托经营协议书》，签订的期限一般不少于15年，将会员的土地统一划归土地银行管理。

第四，在技术体系方面，发布了聘任设施农业建设首席专家和农民技术员的通知、设施农业“十百千万”技术培训工程工作规划、标准化园区道路建设标准、水系配套工程、雨水收集工程、茬口安排栽培模式、大棚蔬菜定植工作的通知，进一步将管理工作贯彻到实处。大棚建设经过了专家教授的设计，呈东西走向且有角度，以便充分利用采光；对于墙体、拱架、后屋面、缓冲间都有具体的标准设计；砂石路和水泥混凝土路的材料要求和施工要求都有明晰的指标；水系配套工程方面，对于新打机井的井深、井型、井径、井管、井房、井泵的选择与变频设计，以及田间管网、拱棚管网与大水漫灌管网工程的管材、工艺流程等都做了明确规定；对于雨水收集工程，从大棚膜面雨水→集流槽→沉淀池→集流渠→沉淀池→蓄水池→加压泵→管网，都有明确的施工要求。

第五，综合考虑当地的气象条件和设施保温水平，在技术规程方面，制订了设施番茄、设施黄瓜、设施芹菜、无公害西瓜等品种的标准化生产技术规程，以及病虫害防治与农药的使用与管理，以期为种植户提供参考。

第六，注重宣传引导。示范区充分利用广播、电视、报纸、网络等新闻媒体的宣传优势，介绍中央及省上的农业政策和各地发展现代农业的成功经验，引导农民转变思想观念。二是组织外出参观学习，先后分六批次组织500多名农民到山东寿光考察学习现代农业，打消心中的顾虑。三是包村干部不辞劳苦走乡串户，深入田间地头，开展“算对比账、做明白人”活动，运用张贴标语、印发材料等喜闻乐见的方式，宣传发展现代农业的重要意义与促进农村发展的举措，从而营造了良好的思想认识氛围。

上述文件政策中的前三项属于组织建设、制度建设与队伍建设，为科技的进入提供了前提保障和物质基础，第四与第五项专门就设施农业技术作了具体部署，其中，第四项就棚外的硬件技术指标建设做了规划，第五项就棚内技术栽培作了具体安排。第六项本着“依法、有偿、自愿”的原则，通过宣传引导转变农民观念。

那么，作为乡村社会主体的农民对于设施大棚持什么态度？调查中设计了“承包大棚的原因”这样的问题，42.7%的被访者认为“大棚技术先进，效益应该不错，既能赚钱又能照顾到家”，24%认为“政府宣传的好，给了很多优惠政策”，两者相加高达66.7%。访谈中，我们进一步追问村民：“为什么承包大棚”？

JMH：“种庄稼不赚钱嘛，当时不知道咋样，后来我们去山东参观，觉得大棚能赚钱，离家又近，能照顾到家，我就包棚了”。

JYG：“政府宣传的好，承包大棚的每个棚补1.5万呢！现在年龄也大了，出去打工人家都不要，务个棚还不用看人家脸色”。

YJA：“看着别人都包棚了，效益还行，家里地都包出去了，没事做，我也包个棚赚些钱自己顾自己，不能老给娃们负担嘛。建棚也花不了多少，都是政府给的”。

美国学者斯科特认为支配农民经济行为的主导动机是“安全第一”。农民家庭既是消费单位又是一个生产单位，以可靠和稳定的方式满足家庭生存的最低要求是农民做出选择的关键。生存取向的农民宁愿选择回报较低但较稳定的策略，也不愿冒险去最大限度地增加其平均收益。在严酷而强大的生存压力面前，生存取向和非利益取向，构成了农民社会理性与资本主义经济理性之间的巨大差异，农民行为的首选目标是保障生存，而非利润最大化包括克服贫困[①]。农民的行为取向和生存伦理在一定程度上制约着技术的改进与更新。当地政府在最大程度的保障了农民生存安全的基础上（如补偿），农民面对设施农业的进入呈现出“理性小农”的特质，并不是不假思索的予以排斥，而是经过参观、学习、比较、尝试，认为科技能够为自己带来收益时，强烈地激起了致富的欲望。正如西奥多·舒尔茨在《传统农业的改造》中所讲的那样，小农是有进取精神，并对资源能作最适度运用的人。小农像企业家一样，是“经济

① ［美］詹姆斯·斯科特．2001．农民的道义经济学：东南亚的反叛与生存［M］．程立显，等，译．南京：译林出版社．

人”，追求利润最大化①。然而，能否获得收益首先取决于村民自身掌握科技的熟练程度，因此，在经济利益的驱动下，村民表现出前所未有的渴望学习新科技的热情。

自上而下的行政推动力量和自下而上的村民主观愿望相结合，形成了强劲的科技输入“气场”，设施农业这粒种子撒进了乡村的土地，一场科技革新蓄势待发即将如火如荼地上演，我们似乎看到科学技术已经来到了村落的边缘。

（三）科技的获得与传播

除了化肥农药、贷款、销售外，设施农业还使专家教授与技术员进入大棚。过去，村民种植庄稼的经验主要来自父辈手把手的现场示范与自己对于土地的感觉，如今技术上更为复杂的设施农业需要村民重新学习如何种植，并要仔细耐心地听从技术人员的忠告。

首先，聘请高校园艺方面的12位教授作为现代农业园区设施农业建设的首席专家。大棚建设伊始，政府要求每个合作社自行联系教授商量培训事宜，每年每位教授2万元的费用由政府买单。西村52岁的绿百合合作社社长SQK，在承包大棚前，经常参加YL区老科协组织的农业学习，并考取了农民技术员证，这期间，他就认识了老科协的负责人，并留下了对方的联系方式，当政府要求合作社自行联系教授时，他就通过老科协的负责人联系上了教授来给村民讲课。教授一般利用周六闲暇时间去村里授课，每次讲2小时，每人轮流讲解不同方面与不同时期的管理技术，刘老师主要负责讲解大棚建造方面的注意事项，张老师擅长西瓜种植，专攻此项果品，何老师与雷老师负责猕猴桃的知识与技术，邹老师、党老师与李老师专营设施蔬菜。每次讲完后，谁有问题现场提问，然后教授亲自到棚里实地指导，如果平时有问题可以随时打电话咨询。园区办要求每位教授每年至少参与30次与村民面对面的培训活动。教授们的讲解从2009年9月中旬一直持续到2010年9月，一年的时间，村民们的科技知识已经掌握的差不多了，如果棚内出现病情基本上自己可以做出判断。

其次，YL区还将以前种过大棚的60位村民聘为农民技术员，平均一个技术员要分管100个棚，选取5～10户作为示范户，通过重点指导示范户推动100个棚的发展。技术员的联系方式在每个大棚的门前都清晰的标注，村

① ［美］西奥多·舒尔茨．2010．传统农业的改造［M］．梁小民，译．北京：商务印书馆．

民可以24小时随时联系。因为技术员的实践经验丰富，而且本身就吃住在乡村，随叫随到，没有架子，所以农户有问题大多联系技术员来解决。当地政府为每位技术员发放一辆电动车，每人每年1.5万元的津贴，其中，每月基本工资1 000元，3 000元算作年末绩效工资。年终考核主要包括两项内容：园区办在技术员服务范围内随机抽取10户农民为其打分，分为优秀、良好、一般、较差、不称职5个等级。如果考核结果不称职，3 000元绩效将扣发；园区办全年组织的各项活动如技术员内部培训，技术员之间的相互交流等必须参加。

可以看出，园区通过培养造就科技务农的“明白人”，提高了培训的质量和效果，做到了“技术人员到户、技术要领到人”，由此构成了农业科技在乡村传播的特有机制，即专家教授→农民技术员→广大农民。专家教授是现代农业技术与知识的输出前端，他们是来自于乡村社会之外的代表组织机构的培训者，按照组织的意愿影响村民采纳、接受新科技，实质上他们是科技变迁的导入者。具体来讲，培训的内容涉及施工、生产、销售与政策四大类共12项：温室大棚施工与设施环境调控技术；温室大棚瓜果与蔬菜类栽培技术、温室大棚蔬菜育苗技术、温室大棚作物茬口安排和病虫害防治技术；果蔬营销与标准化生产技术；土地流转与新型合作社。由于专家教授与农民在知识储备、技术能力、生活方式等方面的巨大差异，以及时间、精力的限制，农民技术员就自然成为科技知识的中转站，当一个“正确”的人率先采用一项新技术后，很快就会在村民中传播出去，由他们将“高深知识”转化为农业劳动者易接受的通俗易懂的科技知识。罗吉斯认为，“如果信息源与受者是同质的，交流的成效就比较大。即是说他们有相同的意图，亚文化语言相通，个人的和社会的特征相似，那么，获取知识，形成和改变态度，行为变迁等都比较容易取得成效”[①]。广大农民是农业科技的接收末端，根据我们的调查，高达64%的被访者在大棚建设之初便开始接受培训，65%的村民认为会定期进行培训，70.7%的人认为培训对自己有帮助。从三个较为接近的数字可以看出，专家教授→农民技术员→广大农民的传播机制的有效性。当然，村民在学习科学技术的过程中也在积极主动地建构着自身的素养，业余时间自学一些基本的科技知识，以便与专业技术人员间达到无障碍地交流，最终成为自己大棚的技术员。村民

① ［美］埃弗里特·M. 罗吉斯. 1988. 乡村社会变迁［M］. 王晓毅，王地宁，译. 杭州：浙江人民出版社：279.

WXY说："第一年在品种、农药、化肥方面，听取技术员和专家的建议多，第二年凭自己经验判断的时候多，有时自己上网查询。"

需要注意的是：农民技术员与广大村民虽然同是科技的接受者，但由于自身素养的不同，在接受渠道方面存在差异。技术员大多属于乡村精英，文化程度较高、随时留意政府新出台的政策法规、见多识广、勇于尝试新生事物，因此，除了专家教授外，他们还有其他的信息来源，如书籍、报纸、电视、网络、经销商等。农民更多的是以追随者的角色出现，接受新科技的时间慢于前者，相对比较保守，害怕冒风险，没见到利益之前选择"按兵不动"，只有通过向技术员请教，与邻里乡亲间的交流讨论、解释与评价后，一项技术最终才能被认同并运用到生产实践中。我们按照孟德拉斯的信息传递系统分类设计了问题："一种是基于邻居互识关系的信息传递系统，信息和影响是沿着传统的、个人的和整体的渠道传递；另一种是更加分化的社会的信息传递系统，大众传播手段具有更大的作用，组织和机构是一些比邻里关系更具有约束性的框框"①。调查结果显示：科学技术获取的渠道排在前三位的依次是：农业技术员、收音机或电视机、亲戚或朋友，它们所占的比例分别是22.2%、15.6%和14.3%（表5-3）。由此可见，科技的获得与传播同时启动了两种信息传递系统，只不过不同文化程度及理解程度的人侧重的传递系统不同，广大村民倾向于互识关系的信息系统，将人际传播渠道作为科技获取的主要来源，充分说明了村落内部"熟人社会"的关系结构在科技传播中的独特作用。而技术员则采取"弱关系"的社会信息系统。总之，村民与农民技术员通过与专家教授、涉农企业、农产品批发商、朋友邻居的科技交流与商讨，逐渐建立起以个体为中心的立体科学技术网络。

表5-3 获取科技信息的渠道

		回应		累计百分比
		频率	百分比	
获取农业科技渠道[a]	报刊	62	6.9	20.7
	收音机电视机	140	15.6	46.7
	村里的示范户	56	6.2	18.7
	计算机网络	40	4.4	13.3
	村委会的介绍宣传	45	5.0	15.0

① ［法］孟德拉斯.2005.农民的终结［M］.李培林，译.北京：社会科学文献出版社：247.

（续）

		回应		累计百分比
		频率	百分比	
获取农业科技渠道[a]	乡亲或朋友	129	14.3	43.0
	科技培训班	73	8.1	24.3
	涉农企业的介绍宣传	91	10.1	30.3
	农业技术推广部门	57	6.3	19.0
	外出务工	5	0.6	1.7
	农业技术员	200	22.2	66.7
	其他	2	0.2	0.7
	总计	900	100.0	300.0

注：a. Group.

科学技术的传播过程也是一个集体消化的过程，该过程遵循“耳听为虚、眼见为实”的原则，其中，农民技术员的示范作用是村民决定是否采用新品种的关键因素，将起到标杆带头作用。采用新品种在带来巨大收益的同时也蕴含着不可预知的风险，农民技术员凭借着自身多年的种植经验和勇于开拓创新的精神往往是试用新品种的第一人，他们的人数虽然仅占5%～8%，但是影响面极大，引领的强度极高；当看到实际效果了，50%～60%的村民才选择跟上，时间上一般要比“吃螃蟹者”晚1～2年；剩下20%～30%的“落后者”因为生产的品种不佳，即使便宜也没有人买，被迫在推迟4～5年后接受新品种。新品种一般投资大，当年没收益，假如第二年卖了1万，第二批人立即跟上，但第三拨人还认为是你运气好当上的，等到第三年卖到1.5万时，他们才反应过来。而这时，领先者在平均5年后又更换新一轮品种了，“落后者跟着火车拾风，永远连不上站”（表5-4）。另外，涉农企业的宣传介绍也不容忽视。每年4—5月育种公司就会来到村里宣传新品种，通过发放彩色宣传单，介绍不同品种的特性，如抗病毒的品种、果型好利于长途运输的品种或是口感好且产量高的品种。育种公司还会将村民们组织起来去种植新品种的地区免费参观，这是一个极好的学习机会，村民不仅可以亲眼看到果实色泽的生长情况，品尝体味口感的好坏，还可以与外地的种植户展开热烈的讨论与咨询，询问新品种育苗的注意事项、出苗率、抗病情况、长势如何以及销售行情等。

表 5-4　不同类型受者的行为特征

类型和特征	示范者	跟从者	落后者
采用技术的时间和人数比例	最先采用，占总人数的5%～8%	延迟1～2年后采用，占总人数的50%～60%	延迟4～5年后采用，占总人数的20%～30%
看待技术的态度和价值观	积极进取 勇于尝试	较为保守 害怕风险	墨守成规 怀疑观望
知识技能	文化素质较高，拥有熟练的劳作技能	文化素质中等，有较熟练的劳作技能	受教育程度偏低，掌握基本的劳作技能
社会地位	见多识广，受人尊重，在地方社会享有威望	活动范围不大，被认为是恪守本分"好农民"	除了正常的科技培训外，几乎不参加其他组织活动，生活闭塞，社会地位低下
社会角色	具有移情能力，社会角色多样，如，生产者、销售者、管理者等	开始学习新的社会角色	移情能力缺乏，大多只扮演生产者角色
社会关系	社会关系趋于理性、开放，易于接受新事物	趋于理性，开始重视业缘关系	局限于血缘、地缘关系，讲究情感
信息来源	通过参加会议、培训、电视、网络、书报等各种途径接受信息	主要是培训、邻居和朋友等途径接受信息	主要是邻居和朋友的途径接受信息
经营管理水平	能够做到专业化、标准化与精细化，效率高	专业化和标准化达到平均水平，效率适中	专业化和标准化都较低，管理粗糙，收入水平不高

一项科学技术在乡村中能否被接纳并且得到应用和普及，不仅仅是考虑该项科技先进与否，关键取决于这项科技能否为村民带来利益，是否具有地方适应性。所以，较早起步的经营者经常进行示范，对肥料和新品种的质量提供了保证，并使得后来者可以根据结果来做出判断。但更为重要的是，正是这种示范才使得大家意识到改进的可能性。一小部分人的领先与一大部分人的模仿确保了前进的活力与空间。

（四）科技的交流与更新

对于科技的交流与更新，村民是非常渴求的。因为在人工建造的高温、高湿环境中进行农业生产，会遇到一些以前露天作业不曾出现的问题，稍有不慎就会发生病害且发展速度极快，如，根结线虫和黄化曲叶病毒是温室大棚中危害最大的病虫害。尤其是黄化曲叶病毒传染性极强，大棚里的果蔬一旦感染就会全军覆没，村民常常是谈其色变。所以，每当村里组织专家教授和技术员来培训时，他们都积极踊跃地参与，并在每次培训前和培训后，纷纷围着专家抓紧时间提问。2011 年 4 月 25 日晚上 8 点，我们参加了一场在村委会办公室举行的科技培训课，园艺学院的张教授为农户们讲解了关于大棚种植番茄的知识。讲授的内容主要有：

（1）种植温度。

（2）茬口安排。

（3）介绍防病毒的番茄品种：金鹏 M6188，还有欧顿也可以。

（4）播种育苗。

（5）番茄苗期温度管理指标。

（6）定植备：

① 定植前准备：a. 整地施基肥；b. 棚室消毒；

② 定植：a. 时间：下午；b. 定植方式及定植密度。

（7）设施环境调控和田间管理：

① 环境调控：a. 温度管理；b. 光照管理：反光膜的使用；c. 湿度管理；d. CO_2 气体管理。

② 肥水管理：a. 水分管理：滴灌；b. 施肥管理：推荐了施肥量。

③ 植株调整：a. 插架或吊蔓；b. 整枝、绑蔓；c. 摘心、打老叶；d. 开花坐果。

（8）病虫害防治：

① 晚疫病：低温高湿病害，病叶用塑料袋带出棚，然后在外焚烧。

② 早疫病。

③ 灰霉病：烟雾法、粉尘法，施药 10 天一次，连续 2～3 次。

④ 叶霉病。

⑤ 根结线虫病：单纯种植一种品种 3～4 年后会发生，应轮作休闲。

⑥ TY 病毒：烟粉虱传毒，种子是不带毒的。施药 7～10 天打一次，有病

没病都打，预防比较好。

培训结束后，询问农户对培训效果的评价？总体来讲，高达70.7%的被访者认为培训对自己有帮助，当然，他们也提出了一些建议，有的说内容讲得很好，如果再配上图片，能直观地看到就更好了；有的希望教授多到棚里实地讲解；村民LZH的说法耐人寻味："个别老教授讲的知识有些老，就告诉我们单纯使用一种农药进行杀菌就行。但是现在科技在发展，病毒也在发展，光使用一种农药已经不行了"。说明农户们根据实际情况需要科技的及时更新，事实上，作为乡村精英的技术员能够满足村民科技更新的需求。他们本身就承包了大棚，往往是村里第一个发现问题的人，会采取科学方法和自己"土"办法相结合的方式消灭病虫害，及时遏制病虫害的蔓延。西村的WXS是远近闻名的农民技术员，在务好自家2个大棚的同时，还热心地帮助前来求助的农户，业余时间利用网络、电视、书籍等媒介自学大棚种植技术与知识。他不但是村里最早获得科技知识、传播科技的人，也是及时进行科技更新的人。村民WHS的妻子说："我家的棚里有次犯病，因为和WXS家的棚是大门相对的，就去问WXS用什么药，王告诉了我。我问他怎么知道用这种药，他说是上网查、自己琢磨出来的"。

看来，农民技术员在科技交流过程中更受村民的欢迎，因为他们本身就生长在地方系统中，懂得地方性知识的运用。乡土知识是人们对长期经验的有效总结，它是由某个特定社区成员所共享的，它能适应当地的风土文化和自然环境。一是能够做到专业用语通俗化。现在的农药、种子、除草剂等农用产品都附有说明书，但是，受众是一个不整齐的群体，绝大多数村民的文化程度不高，理解能力有限，需要技术员根据村民已有的科技基础与当地用语习惯，“翻译”成他们能够接受的用语。二是科技服务尽量具体、细致，如，农药喷洒多少斤就增产；种子埋的深度是5分钱的厚度；育苗环节是浸泡→清洗→纱布包→装到胸口（恒温26～27℃）捂一天→出芽。他们知道村民真正需要什么，结合自己的实践，能够有针对性地进行现场指导。西村支书兼技术员RRQ，今年60岁出头，高中毕业，曾经是位民办教师，他给农户讲解的大棚种植番茄知识，浅显易懂又实用，深受农民欢迎。他的讲解包括如何判断大棚的揭帘时间、价格、茬口安排，这些内容对农户们很重要，并且他们都用心记住了，因为平时教授在培训时没有提到。如，揭开帘子棚里的温度表正负1℃，即为合适。如果揭开帘子时棚内温度快速上升3℃，说明揭帘太晚，如果温度下降2℃，说明揭帘太早。冬天番茄爱生病，晚上棚内温度要保持在11℃或是12℃。他还建议农户做个有心人，每天做棚内的台账记录，如，什么时候整地，栽苗时的棚内外温度，栽后7天是否打药？用的是什么药？浇水情况及施肥量等，这样老师来了就可以判断是病害还是虫害，如何根治，是否有人为因素造成的损失等。另外，他建议村民将每次卖番茄的价格详细记下来，分析哪月哪日价格最高，什么时候价格下滑，何时卖价最低等，坚持一年就可以摸出市场的行情规律，有利于合理安排下一年的茬口。村民WHS深受启发，着手记录他家卖番茄的价钱。

最初，当地的大棚实行长茬种植，即每年的6月20日左右至6月底，室外温度达到36～39℃，棚内高温进入无货期，这时用塑料膜将棚体捂严实，7～10日不揭棚，可以起到杀菌杀虫的效果；7月10日至7月20日，深翻整地，施用农家肥，喷洒杀虫剂进行土壤处理；7月20日至8月初，开始进入下一年的准备工作；10月20日前后定植，直至来年的6月结束。这样算来，一年之中大棚就有3～4个月的空棚期。经过几年的经验摸索与规律总结，结合当地的气候条件，专家教授与农民技术员在茬口安排的想法上不谋而合，一致认为应由原来的“一长变两短”。即7月20日至8月初，定植西红柿，8月初至阴历12月中旬，一短茬结束；腊月底至正月初，开始定植第二茬，正月底至7月初结束。这样，既强化了大棚的利用效率又提高了土地的产出率，两短茬的经济效益至少比一长茬提高30%。通过技术的交流与更新，可以清晰地看到农民科技水平与市场意识渐次提高的过程。

第六章　变迁中的村民与村落

社会变迁的发生单位可以是社会系统层次，也可能是个体微观层次[①]。本研究在坚持一个完整村落的基础上，沿着个体—家庭—村落—区域社会的思路展开。这样，农业科技对村落的作用就在个人、家庭、村落、区域社会四个层次的变迁中表现出来，而且不同层次的变迁又是相互作用、相互影响的。

一、村民价值观念的变化

观念是人们的看法和思想意识，它产生于人们的社会实践，并随着实践的变化而不断发生改变。传统村民的观念形成依赖于固定的村落生存场域以及祖辈传承的生活习惯和文化习俗。现代化是指个人改变传统的生活方式，进入一种复杂的、技术先进的和不断变动的生活方式的过程[②]。科学技术作为现代化的核心要素，其发展影响着社会的组织结构、人际关系、也必然对社会成员的心理起着潜移默化的作用。西村农业科技的变革，不仅带来了村庄的经济腾飞，同时也涤荡着村民的传统观念，他们从传统体制下单纯的生产者转变为集多种角色于一身的生产经营者，价值观念亦呈现出现代化的特征。

（一）职业观

1. 村民职业的分化

传统农业阶段，生产分工往往局限于家庭内部的“男耕女织”，农户之间的深度分工是不多见的。尽管现在的大棚生产还是以家庭为单元，但是，

① ［美］埃弗里特·M. 罗吉斯. 1988. 乡村社会变迁［M］. 王晓毅，王地宁，译. 杭州：浙江人民出版社：26.

② ［美］埃弗里特·M. 罗吉斯. 1988. 乡村社会变迁［M］. 王晓毅，王地宁，译. 杭州：浙江人民出版社：309.

在大棚种植户之间、大棚户与其他村民之间的分工合作日益广泛。原来高度同质的农民群体随着农业功能的不断拓展、岗位环节不断增多，专业化、精细化的程度越来越高，先后分化出农资经营者、代办、大棚生产者、大棚雇工、技术员和农民企业家六类从业人员。这种现实与法国社会学家涂尔干的经典判断“现代化意味着社会分工的发展”① 相符合。村民的职业走向多元化，相应地带来了收入水平的高低差异，同质性的群体发生了经济地位与社会声望上的分化。

大棚生产者。西村土地流转整合后，村民不再种植供自己消费的粮食作物，统一发展设施农业，承包的大棚每年需交地租（10 500 元/公顷），因此，大棚经营的好坏对他们而言至关重要。他们从事具体的农业生产劳动，起早贪黑往返于家庭和大棚之间，距离远的甚至吃住在棚里，艰辛的劳动换取的是不菲的收入。据我们调查，在文化程度上，务棚者中初中文化水平的人数居多，占调查总人数的 53.7%，高中（中专）和小学及以下文化程度的分别占 22.3%和 20.7%，本科及以上文化程度的占 1.3%，总体来看，务棚者的文化程度普遍偏低。在年龄上，主要集中在 46～50 岁，41～45 岁，36～40 岁三个年龄段，分别占调查总人数的 22.7%、19.7%和 16.7%。在承包大棚的数量上，55.3%的农户承包数量是 1～2 个，拥有 3～4 个大棚的比例占 31%，拥有 5 个以上的占 13.7%。因为大多数务棚者的年龄属于上有老下有小的中年阶段，承包两个大棚的工作量基本饱和。此部分群体约占村民总人数的 60%。

大棚雇工。这部分人因为各种原因自家没有承包大棚或是承包的数量少，转而成为大棚雇工，45 岁左右的中年妇女成为“雇工大军”的主力，她们熟练、专业的操作渐次成长为职业化农民，村里较年轻的都在涉农企业里工作。他们靠出卖劳动力或是提供机械化服务来换取工资，报酬根据性别分工每天 50～70 元不等。大棚户往往在剪枝、点花、落蔓、缠蔓、定植、育苗时需要“大兵团作战”，100 米的大棚雇佣 4 个人，忙半天就可以完成。刚开始时受雇者不知道怎么做，需要给他们耐心地讲解并亲自教授，做得多了就成了熟练工。如果村民不愿意额外负担独自购买设备的费用，就 80 元 / 小时租用耙地的机器——大棚王。耙地的时间一般在每年的 8—9 月份，西村及附近的 G 村、J 村、W 村各有一名耙地工，谁家需要干活打个电话即可，耙地的人需要人缘好，这样才能带来回头客与好生意。耙地工平时还干其他的活，属于兼业

① ［法］涂尔干. 2000. 社会分工论［M］. 渠敬东，译. 北京：生活·读书·新知三联书店.

型。因为大棚需要农家肥，出现了专门运输农家肥的农户。鸡粪是FFD家的，只需打个电话，对方会送货上门；还有专门给人上大膜的，一个棚要一百多元，经济上精打细算的村民往往舍不得花钱，上膜时多是周围关系好的人相互帮忙。大棚雇工约占总人数的10%。

代办。N村和Y村之前都是务大棚的，经常与客商接触，村里做代办的人较多，他们一般都是兼职，客商来的话，就雇人照顾大棚，自己为客商找货源。如果碰上十几万斤的大客商，几个代办会联合起来收购番茄并负责找车、装箱，可以获得5分/斤的提成。代办之间存在较大的差异，有的代办充当“保护型经纪人”的角色，会叫客商多收本村人的番茄，并且收的时候手松，下减的少；番茄难卖时，会叫客商帮忙把其他困难农户的番茄都收了，但是价钱每斤会低1～2毛钱，这可以看作是农户之间联合对抗市场风险的一种策略。有的代办则是“赢利型经纪人”，2009年大家刚承包大棚时，番茄统一成熟，某代办只让客商帮着收了同家族的番茄，而不管其他农户，像这种代办在村里是没有威信和信誉的。代办的比例占总人数的0.3%左右。

农民技术员。他们是地方政府聘用的专业人员，大都有务棚的经历和丰富的经验，平均每人负责100个大棚。农民技术员在技术传播中起到非常重要的作用，村民在种植过程中遇到的各种疑难杂症都是通过他们解决的，同时，他们自身也需要时刻走在领先的行列，通过上网浏览、阅读报刊和参加培训会等途径学习新知识。他们既是新品种和新技术的最早使用者与示范者，也是新政策与新信息的传播者。但有个别的农民技术员和农资产品销售商来往密切，帮助其推销产品，这样的技术员不受村民的欢迎，认为他已经背离了村落社会的规范。农民技术员的比例占0.4%。

经营大户。他们利用自己的特长和优势，通过资金与管理等要素投入，一般承包大棚的规模较大，相应地取得的收益会更好。这些大的经营者选定的目标非常明确——市场，追求农业经营的利润，从他们的身上能够更多地看出具有经济意识与非凡勇气的企业家品质，他们的存在代表着中国农业发展的未来。Y村的村支书，一个人承包了50个中棚，雇佣附近的妇女和几个男性在棚里工作，一天50元的工钱管吃管接送。但他本人并不亲自参与劳作，属于专职的经营管理人员。经营大户的比例约占29%。

农资经营者。随着设施大棚的导入、推广与不断升级换代，有的村民开始把眼光投向大棚建设所需的工业产品上，设施蔬菜的种植需要大量化肥、农药的投入，当地的农资市场迅速发育起来，农资店铺的从业者随之增加，W镇几乎每个社区都有农资零售店，村民不出村就可以买到所需物资。特别是临街居住的农户因为具有便利的地理位置，率先经营起专门为大棚提供种子、农膜、农药、化肥的农资商店。他们的工作主要是把村外的工业产品销售到村内，凭本事花力气吃的是买进与卖出之间的差价，但却极大地方便了村民的日常生产。久而久之，这部分从业者也成为半个专家，村民遇到疑难问题也会在买农资时顺便咨询卖主。另外，还有的农民从事专业育苗服务于产前环节，根据苗子的品种、大小卖不同的价钱，这种做法改变了传统留种的方式。农资经营者的比例占0.3%。

2. 职业观的变化

职业观发生变化是伴随着部分村民获取了一定的成功，以及大部分村民种植大棚时发生的。当越来越多的村民不仅获得了经济收入，还获得了村落中的声望和地位时，他们开始认同现代农业科学技术。迄今为止，西村的务农者通过设施农业都无一例外的掌握了一门技能，这些技能可以让他们自信地在一个充满竞争的环境中谋得一份养生的工作。农民已不再是一种带有歧视色彩的“身份”，务农已成为一种“职业”，即一种可以“选择”和需要“学习”的职业，过去一般意义上的农民已被蔬菜生产者或水果生产者所替代。调查中我们询问了村民职业观的问题，44.3%的村民认为自己承包大棚后，和以前不一样，成为了职业农民。孟德拉斯认为，“如果人们改变了一个地区的经济结构，只需要几年的时间，那儿的精神状态就会随之发生变化”①。

首先，村民职业意识的养成。种粮养家的农民和大棚专业户具有完全不同的视野，后者具有更强的市场意识、风险意识与合作意识。①在市场意识上，东边的村子有人正月20前后定植西瓜，4月底至5月初，皮薄、早熟的西瓜就可以上市，可以卖个高价钱，最高的时候卖到6.0元/斤，7月拔蔓，8月种番茄，11月开始成熟，12月就可以大批量收获了。WXY家的番茄每年9月种，一年换一次苗，WXY也打算来年重新安排西瓜和番茄的茬口。问他“放弃一茬西红柿不觉得可惜吗”？他说：“不可惜，西红柿到后面是低价期，而西瓜的价钱高”。随着生活质量的提高，人们对于果蔬的欣赏水平发生变化，原来讲求数量上要多，现在更加注重质量。好的质量来自哪里？主要是栽培技术与品种。WXY打算由原来的密植改为合理稀植以提高产品的质量，他给我们算了一笔账，“假如你一株上结5个桃，每个2两，共一斤，每斤卖3块钱；

---

① ［法］孟德拉斯．2005. 农民的终结［M］. 李培林，译．北京：社会科学文献出版社：271.

我一株上结 4 个桃，每个 3 两，共一斤二两，能卖 3.6 块。而且全是商品果，没有报废的，消耗的水分、养分也少。生产不能单纯图多，还要图精图好”。在品种的选择上，WXY 说，“猕猴桃的老品种秦美，亩产 8 000 斤，价格是 1 元/斤，可以挣 8 000 元；新品种海沃德、西选、华优亩产 6 000 斤，3.6 元/斤，可以挣 21 600 元，经济价值更大，而且耐贮存，经得起长途运输”。可以看出，提早上市的果品打了时间差，满足了市场空当的需求可有好收益；反过来，市场需求也可以催生新的栽培技术与新品种研发应用。村民在市场大潮中逐渐摸索到竞争法则。②在开放意识上，传统农民主要致力于生存农业，现代农民致力于大棚生产，两种经营状况导致了不同的生活模式。以生存为目的的耕种者没有卷入到市场关系中，而且，他们几乎与该地区扩展中的城市网络没有任何联系，这些农民倾向于保守的价值观。相比之下，蔬菜大棚极为依赖市场，他们与区域城市甚至国际市场同呼吸共命运，进而他们的价值观也会悄然发生变化，倾向于开放与进取，越来越乐于接受新科学、新技术和新思想。村民 CZF 三十岁出头，妻子在城里经营一家卖毛线的商店，他一人承包了 4 个大棚。平时喜欢上网看新闻和聊天，并通过网络自学了大棚种植技术，如果发生了病虫害，他会拍张照片发给专家，短则几分钟，长则一天就可收到专家的回复建议，足不出户就解决了问题。4 个大棚一年收入 8 万，他对自己目前的状况很满意。

其次，职业层次的提升。从传统的耕作方式转变为大棚生产，村民刚一开始就好比“老革命遇到了新问题”，一窍不通。现代设施农业对专业化的要求很高，以往仅凭经验和感觉务农已经远远不够，劳动者需要职业技能的培训，而且这种培训越来越朝着改造传统农业的方向进行，充分利用化学、生物学、土壤学的知识为已有的经验奠定科学基础。他们需要向专家请教、向技术员学习、利用业余时间自己钻研。2008 年政府资助西村建起了农家书屋，由村副主任负责管理。WXY 从书屋借了 4 本有关大棚种植的书籍，自己还买了一本。就这样，他通过各种途径学会了大棚知识和技术，2010 年 12 月被聘为农民技术员，负责 W 镇的中棚西瓜种植，目前正准备报考初级农技师资格证。职业层次的提升大大增强了村民的职业成就感和自豪感。

2001—2004 年，村民通过给新绿公司打工初步接触了设施农业；2006—2008 年，政府开始重视对农民的科技培训，当时本地还没有技术员，请高校教师以及老协的专家来讲病虫害防治、蔬菜管理等知识技能；2009 年，示范区启动了十百千万工程，第一期聘任了 10 人做技术员；2010 年，设施大棚大规模发展，技术人员供不应求，又从前期有过务棚经历且经验丰富的农民中发展出一批新生技术员，他们就像火种一样在广大的乡村逐渐形成科技燎原之势，以至于三年后的今天，西村支书RRQ说："如果科技水平按照100分来计算的话，现在的农民已经达到86分以上"。

再次，职业素质的提高。职业素质是指从业者在一定生理和心理条件基础上，通过教育培训、职业实践、自我修炼等途径形成和发展起来的，在职业活动中起决定性作用的、内在的、相对稳定的基本品质[①]。2010年，西村将140亩土地流转给了经营苗木花卉的巨龙公司，该公司每年给村里缴纳99 860元的地租，一年之内平均雇佣村里的劳动力达到每天30人，女性50元/天工资，男性60元/天。值得一提的是，规模化运作的苗木公司实行的是"大树底下栽小苗"模式，在公司打工的村民掌握该项技术后，在自家的猕猴桃地里套种小苗，根据品种的不同，每株可以卖到3～10元不等。村里有人养了8亩白皮松苗，种植了4万～5万株，利润空间相当可观。

传统农民的评价标准是道德素质，诸如勤劳、节俭、有干劲，现代村民由"安全第一"转变为具有工商精神的理性小农，其评价标准是个人的职业素质，他不单是一名生产者，同时也是购买者、销售者、会计、管理者，甚至企业家。罗吉斯在《乡村社会变迁》一书中指出：在社会层次上的变迁是发展，在个人层次上的变迁是现代化[②]。西村村民伴随着农业科学技术进入了个人现代化的过程。

农民职业素质的提高直接带来了收入水平与收入结构的变化。据统计，2008年西村农民人均纯收入5 031元，2009年上升到6 408元，2010年8 059元，2011年10 122元，2012年12 800元，年均递增26.5%以上。为了验证村民经济收入的提高是否与设施大棚存在相关关系，我们做了线性回归分析（表6-1）。

剔除家庭经济主要来源不是设施农业的案例，对剩余数据进行线性回归分析，所得数据见表6-1，表中各列数据类型的含义依次为：被解释变量的变差来源、离差平方和、自由度、均方、回归方程显著性检验中F检验统计量

① 公风华．2008．论农民精英的企业家精神［J］．企业家天地（8）：139．

② ［美］埃弗里特·M．罗吉斯．1988．乡村社会变迁［M］．王晓毅，王地宁，译．杭州：浙江人民出版社：27．

表 6-1　承包大棚与村民收入提高

模型		平方和	自由度（df）	值（F）	显著性概率（sig.）
1	回归	829.917	1	105.490	0.000[a]
	残差	2 084.832	265		
	总计	2 914.749	266		

的观测值和概率 P 值。可以看到，F 检验统计量的观测值为 105.490，对应的概率 P 值为 0，小于显著性水平 a(=0.05)，可以拒绝回归方程显著性检验的零假设，承包大棚与家庭年均纯收入的线性关系显著。个案访谈中一位 23 岁的村民说："自从种上大棚蔬菜，村里人富起来了，有了资金就可以投资做其他生意了，于是很多人就想了其他的赚钱门路，比如买车运菜运货，卖农药，卖卷帘机、帘子，开商店等，我觉得人富了就越富，穷了就越穷，只有富了才会有足够的资金和胆量去投资新产品，新项目，这就又能挣更多的钱，然后扩大规模，再挣钱"。

如今，西村的设施农业与猕猴桃取代传统的粮食作物成为主导产业，成为农民收入的主要增长点。其中，2011 年设施农业与猕猴桃的收入占到人均纯收入的 50.9%。传统的玉米小麦收入比例下降到了 2.2%。早先村民的顺口溜变为"大棚菜，人人爱，早上揭，晚上盖，精品菜、高价卖、挣下钱、把楼盖、娃娃老汉都喜爱"。我们应该认识到：农民收入水平与收入结构的变化不是最为重要的，关键在于它强化了农民职业化发展的信心，只要具备了信心，今后就拥有了可持续发展的动力。

（二）闲暇观

传统社会农民年复一年的生活周期是“一个月过年，两个月种田，九个月赌钱”，春节期间是闲暇时间最多的时间段，其次是春节后至春耕前，然后是“双抢”（收早稻，插晚稻）后，最后是春耕至“双抢”这段时间。漫长的闲暇时间如何打发？单调、乏味的串门聊天、探亲访友、打牌等成为最主要的活动。进入80年代以来，随着经济和科技的进步，过去一些以人力和畜力为主的生产劳动被机器代替，农药化肥的使用使得锄草施肥更加省时、省力，生活燃料从做饭到取暖的用材从麦秆、煤炭发展到天然气，喂猪的食料从田间打草到现在直接从商店购买饲料。闲暇时间相比以前要宽裕许多。发展现代农业后，村民已经没有农忙与农闲的季节之分，大多数时间都需要在大棚里劳作。而在属于自己仅有的闲暇时间里，闲暇方式、闲暇内容与闲暇性质发生了彻底变化，休闲娱乐越来越趋向于现代化。

调查中我们设计了“您在闲暇时间主要干什么”的问题，答案从高到低排在前三位的是：看电视28.4%，做家务22.0%，大棚外聊天19.6%（表6-2）。

表6-2　闲暇时间主要干什么

		回应		累计百分比
		频率	百分比	
闲暇时间主要干什么[a]	看电视	255	28.4	85.0
	辅导孩子作业	47	5.2	15.7

（续）

	回应		累计百分比
	频率	百分比	
玩牌、打麻将	23	2.6	7.7
做家务活	198	22.0	66.0
串门聊天	48	5.3	16.0
在大棚外聊天	176	19.6	58.7
看书或报纸杂志	42	4.7	14.0
参加技术培训、听讲座	57	6.3	19.0
上网	25	2.8	8.3
其他	28	3.1	9.3
总计	899	100.0	299.7

近 1/3 的村民选择的是“看电视”，那么“看”的内容又成为值得深问的第二个问题。村民关注的内容依次为：天气预报 23.1%，新闻 20.4%，农业科技 16.2%，电视剧 13.1%，农产品价格与需求信息 11.4%，农业法规 6%，随意浏览 4.6%，娱乐节目 3.8%，体育节目和其他 1.3%（表 6-3）。

表 6-3　看电视的内容

		回应		累计百分比
		频率	百分比	
留意的内容[a]	新闻	245	20.4	81.7
	体育	11	0.9	3.7
	电视剧	157	13.1	52.3
	农产品价格、需求信息	137	11.4	45.7
	娱乐节目	46	3.8	15.3
	天气预报	277	23.1	92.3
	农业科技知识	194	16.2	64.7
	农业政策法规	72	6.0	24.0
	随意浏览	55	4.6	18.3
	其他	5	0.4	1.7
	总计	1 199	100.0	399.7

在所有的选项中让我们非常感兴趣的是：①关于农业科技、农产品价格和农业法规即便是在闲暇时间也是村民重点关注的内容；天气预报、新闻等间接与现代农业相关的信息也吸引着村民的眼球，他们想更多地了解本地之外的技术与行情变化信息；而乡村传统的串门聊天、打牌打麻将等闲暇方式已经渐行渐远。调查中问 WXY 的妻子：以前累还是现在累？答曰："当然是现在累，现在每天要去棚里，以前只是农忙、收获时去地里帮忙，平时待在家里就可以了。但是，现在比种粮食好多了，以前种麦子、玉米一年只能收入 1 000 元，现在大不同了，2 个棚净收入在 3 万上下"。从闲暇方式与闲暇内容的变化上我们可以看出，种地养家的农民与满足消费者需求的农业生产者具有完全不同的视野与见识，村民利用休闲时间去做一些有利于个人发展的事情，努力、自觉地建构着自身的知识结构，并且越来越跳出传统村落的范围，积极寻求所属的社会系统之外的发展。闲暇观随着职业意识的确立也相应地发生了变化，闲暇时间虽然少了但闲暇质量却向着更高层次提升。②大棚外聊天——聊天的地点和内容发生了改变。以前闲时人们热衷于串门聊天，聊的多是家长里短，村民自己形容过去生活是："男人一堆打锤多，妇女一堆生气多"。现在的村民忙得没有时间串门，只能在大棚外聊天。当夏天温度太高、冬天温度太低时，都不适宜在大棚里工作，尤其是夏季每天下午 4 点多，棚里温度很高，达到 33～35 ℃，男人们在棚外抽烟聊天做短暂的休息，聊的多是市场价格、销售情况、种植品种、村庄拆迁等内容。采访中，我们注意到，新闻上刚介绍的德国"毒黄瓜"事件，他们极其关注并展开了热烈讨论。认为这件事对农产品市场影响很大，引起了价格波动，并且意识到这件事虽然远在德国发生，但会间接地影响自家的农产品销售。③"上网"属于高科技休闲方式的选择，尽管所占比例不高（2.8%），但是，我们认为这代表了乡村闲暇方式逐渐接近于城市的趋向。WXY 刚买手机时，只知道用来打电话，后来看了三天的说明书，发短信、打游戏、听歌、上网的功能都开发出来了。他为手机包了 40G 的流量，想再看看有没有更好的手机软件。平日通过手机或电脑上网时，主要浏览中国农业信息网、YL 蔬菜网、YL 公众信息网，关注的内容是病虫害防治、供求信息、农药化肥价格。由此反映出，从事大棚生产的村民缺少了工作时间的停顿点和完成点，科技让工作状态与非工作状态之间的界限变得越来越模糊。现在即便是正月里打牌的人都很少，更不要提平时了，"村里没有一个闲人"。WXY 原本喜欢下棋，但现在没有时间了，下棋成为一项"奢侈性"的活动。④在闲暇时间中选择"其他"的占 3.1%，不要小瞧这 3.1%，据我们的调查，它是目前村里新出现的闲暇活动——每天晚上在村委会门前的广场跳健身舞，“这是以前无法想象的”。前几年注重抓产业，村民兜里有钱了，按照心理学家马斯洛的理论，高层次的心理需求随之而来。“以前只要不掏钱，哪怕累死；现在只要快乐自在，花钱享受”。RRQ说，“让我没有想到的是，文化素质的提高所产生的内涵远不是金钱所能衡量的。比如，村民之间的关系越来越融洽，强化了相互的感情联络，产生了强大的凝聚力与战斗热情；而且，跳舞也锻炼了身体，活跃了村民的生活。现在，周边村子的人晚上都赶来玩。下一步我计划将锣鼓队、秧歌队也组建起来，每年镇里或是区上的大型活动让他们亮相以展示新农民的风采”。⑤村民平时工作都很累，一有时间就希望好好娱乐休息，中老年男性偏爱的一种娱乐活动就是“挖坑”。挖坑是纸牌的一种玩法，如果再带点赌资的话，那就更加刺激，常见的组合方式是“牌品”相似的人往往更容易打成一片。女性与男性相比，闲暇方式有其自身的特点。一方面闲暇时间更少、闲暇质量较低。8小时以内妻子与丈夫一样在大棚里劳作，但一回到家中丈夫就心安理得的成了甩手掌柜，以家庭为中心的生活境况使得妻子将自身的价值定位于做家务、照顾子女、赡养老人、打理家内一切事务的贤妻良母形象。这些家里家外、大小琐事耗费了她们大量的时间和精力，好不容易有一点看电视的时间，还要照顾孩子，很多时候闲暇都处于不完全状态。访谈中甚至有81.2%的女性认为做家务也是一种闲暇，可见她们闲暇意识的淡泊。另一方面，调查中我们也发现，农村妇女的闲暇生活存在限制性。即她们的闲暇生活实际上或多或少的被丈夫圈定在一个受限制的范围内，如，同样是跳舞这件事，丈夫总是以一些暗示性语言告诉妻子，广场健身舞可以跳，但交谊舞绝不能跳，跳交谊舞似乎和伤风败俗有着因果关系。假以时日，女性如果积累了闲暇生活所需要的经济资源和文化资本，诸如上网一类的现代化高层次闲暇方式也就可望可及了。

调查中我们也通过考察闲暇方式来折射村落结构的变化。大量青壮年外出务工，一定程度上造成了村落日常生活的苍白。走进村落，再也看不见鸡飞狗跳、孩童嬉戏的欢快场景，取而代之的是静悄悄、空荡荡的村庄。据村中30岁的小王回忆，自记事起，西村就没有大型的集体节日庆祝活动，如闹花灯、唱戏等。以前，部分村民还保留有传统节日的习俗，比如元宵节的点灯，但也只是各自在家里点，属于单独的行为，不具备集体行动的性质。村里谁家有红白事都有放露天电影的习惯，那时候，电视还没有普及，无论大人和小孩，都十分喜欢看露天电影。放电影的组织单位是户，能够独立地承担费用是家庭经济能力的体现，社会性的活动（放电影）不仅使主体得到村中人的认可，还是村民彰显内心效能感的一种特殊方式。放电影一度成为村民评价一个家庭能力的重要指标，这样一种娱乐方式客观上让村民之间暗自较劲，并进行着社会地位的重组。但是，随着村民不断外出务工，留守的各忙自己的事，村里的红白事不再像从前那样热闹、隆重了，而且更重要的是，村民的经济收入提高了，电视普及了，人们渐渐丧失了看露天电影的兴趣。另一种重要的习俗形式就是“齐岁”。每逢元宵节，人们一般都会到本族辈分最高的人家里，去给长者拜年。长者则带领未成年的孩子向祖宗祈福，求祖宗保佑孩子在新的一年能够健康成长以及宗族兴旺之类。这一形式在村民劳作繁忙以及务工出现之后也逐渐走向消亡，越来越多的村民不再遵循这一仪式，2009 年随着长者 RTJ 离开村落搬到县城居住而宣告仪式的终结。由此可见，村民的休闲方式和休闲内容从旧有的具有集体性质的生活内容被新式的个体性质的生活内容所取代，电视、上网等缺乏组织、缺乏约束、过分强调自我参与的方式不仅带来了闲暇生活的变性，而且对村落原有的整合秩序也产生了冲击，甚至在激烈的情况下还会导致集体记忆与村庄认同程度的降低。更为重要的是，它使得根植于村民生活环境而形成的一整套行为规范和价值观念的文化体系面临瓦解和消失。如此一来，放电影这种曾经风光无限的形式就显得幼稚可笑了，村民更愿意以务棚、务工或经商的成就来重组自己的社会地位。务棚甚至让村民们更加内敛，过去非常注重的房屋、儿子等外显性的代表家庭地位的标志开始慢慢淡化。

（三）消费观

消费观的变化是伴随村民生活阅历的丰富及收入水平的提高而发生的。过去，西村村民虽然能够认可城市人的消费方式，但一年到头辛苦劳作下来，刨除生产资料的成本，净收入只有 1 000 元左右。他们舍不得吃、舍不得穿，省吃俭用为人生三件大事而攒钱：儿子结婚，盖房，老人去世。如今大棚收入与传统种植相比有了很大提高，这直接影响到村民的消费水平、消费结构与消费观念。

1. 大棚的收入和支出

村民 WXY 给我们算了一笔大棚收入与支出的账。2009 年是大棚生产的第一年，各种投入相对较高，尽管如此，2 个棚（一个为 110 米，一个 90 米）净收入 3 万；两个大棚的支出大概是 13 700 元，具体的明细账如下：

地租：700 元/亩，每年地租要交 4 200 元。

种子费用：两个棚要3包种子，一包种子1 000粒，国产的一包35元，共100元；进口的一包300～400元，共计1 000元。第一年生产时是直接买苗子，一棵苗1毛5分钱，政府补贴1角，自己只需要交5分钱，买苗6 000棵，共300元。

进口品种芬达、欧官380元/包（1 000粒），雅丽616 480元/包（1 000粒），一个100米的大棚需2包半，2 200～2 400株/亩。国产品种金鹏，30元/包(1 000粒)

买农药：一个月打四次药需400元，10个月共3 000～4 000元，少的时候2 000元。平时还要烟熏，用于防治白粉虱成虫，烟熏不定期，感觉虫子多了就熏，但是熏多了投资就多，经济上不划算，一星期或10天一次，有时一个月一次。每次一个棚放两大包，6元/包。

化肥、农药和翻地费用：底肥需要4车鸡粪，4车牛粪，240元一车，一车鸡粪2立方米，牛粪干，一车可以拉2立方米多。2009年，2个棚花了2 800元（调查时发现2011年底肥涨价了，一车300元）。鸡粪是FFD家的，只要打个电话，对方会送过来。粪肥要提前两个月（6月份）拉回来，放在采光带上捂熟，高温杀菌，这样下地后少起病。追肥最多用2 000元。番茄幼苗时爱起病农药用得多，大苗抵抗力强基本不用。机械化耙地40元/亩，王家的两个大棚，讲的是优惠价70元。

大膜、草帘子费用：大膜一年换一次，好的膜17.5元/千克，一般的14.5元/千克，一个100米的大棚膜需1 000元，好膜要1 200元，WXY的两个棚花了2 200多元。草帘子用不了三年，平时发现有坏的就换。一卷草帘子30元，一个棚要铺100个3 000元，两个棚共计6 000元。WXY打算明年换棉毡子，因为政府说用棉的有补贴，而且棉毡子比较轻巧、薄、耐用。防寒膜一个1 000多元，14元/千克。铺大膜的时候要找两个人帮忙，这个是不要报酬的，别人铺的时候，WXY也会去帮忙。

水电费：100米的大棚，种植番茄一年需要800立方米水，1.5元/立方米，一年水费1 200元；50米的大棚，种植黄瓜，一年需要1 000立方米水，一年水费1 500元。电费0.35元/度，一个灯1小时1度电，头一年大家都不懂，经常打开棚里的灯来补温，以至于温度达到了150 ℃，交了52.5元，第二年，大家都懂技术了，为了省钱很少使用棚里的灯。

这样算下来，一个大棚在后期的生产投入每年约5 000元，收入每年1.5万～2万元。相比过去，农户家庭每年的常规性支出不仅不存在任何问题，而且有能力追求更高的生活品质；富余的部分可以用于特殊性支出或是储蓄与投资。

2. 消费观的变化

据我们的调查，在“家庭收入主要来源”的选项中，来自“种植蔬菜”的比例高达89.3%，而在别处占据主导地位的外出务工，在西村仅占6.7%。在“家庭支出”的选项中，日常开支占32.7%，农业投资31.9%，教育投资23.5%，盖房5.6%，购买保险3.3%，娶亲2.8%，买汽车0.3%。可以看出：村民的消费水平日渐提高，一些高档耐用消费品开始全面进入农民家庭。村民的消费结构日趋合理，用于“面子”竞争（如盖房）的比例下滑趋势明显，而用于农业再生产的比例显著提高；用于人生中长期规划的教育投资选项也入围了；在遭遇过大风阴雨等自然灾害后，农业保险开始被村民接受。

衣。新中国成立前，只有富裕人家才穿得起长袍马褂，绫罗绸缎。中老年人习惯戴礼帽，穿蓝黑色粗布衣服，白布袜子，圆口布鞋，四季绑扎裤脚。贫困人家自己纺线织布，有时连颜料都买不起，自己种点靛蓝草，用茴茴加盐一煮穿上好看些。几个人甚至全家人盖一床被子，富人家用粮食换床宁夏产的羊毛毡铺炕。新中国成立初期，情况变化不大，不只西村农民穿的差，全国形势都差不多，穿的铺的盖的全都是手工纺织的粗布织物。进入80年代，人们开始注重衣服的款式和质地，几乎看不见穿自制鞋袜或打补丁衣服的村民了。随着生活水平的提高，对于衣着的消费观有了明显的变化，尤其是年轻人，已从经济实用型转到追求服装的档次和品牌。从我们在西村看到的实际情况来说，村民舍得吃、舍得住、舍得花钱旅游，但是，在衣着上不太讲究，主要与平日干农活的性质有关。即便如此，村民大都备有一年四季外出的“礼服”，村支书RRQ给我们展示了他的一身行头，一套七匹狼的西服，红蜻蜓的皮鞋，是他接待领导视察与外出传授技术的“包装”。真正讲究的是那些专职管理者、企业上班族、做生意的且经常与外界打交道的人员，他们的穿衣打扮、言谈举止早已和城里人没有分别，甚至穿的更好。“村里的一个技术员，刚开始也在家里种着大棚，后来因技术娴熟经常被外地人请去做技术指导，现在已经成了专职技术员，明显气质就不同了，说话办事都像城市人似的，待人很礼貌，很讲究，从他嘴里再也听不到粗俗的话了，和老乡亲交流还好些，和外人交流满口的普通话，如果在以前，说句普通话自己都觉得不好意思，现在彻底变了。并且现在他很注重着装，什么场合穿什么衣服，很会搭配，很合时宜，让人看上去整体感觉很舒服”。

食。长期以来村民追求的是“吃饱”，这从村民日常见面用语“吃了吗”

可以看出。西北人的主食以小麦、玉米为主，辅之以豆类等杂粮，一日三餐喜食面食，一天不吃面条就好像没吃饱。食用的蔬菜种类春夏季较为繁多，一旦进入冬季只有白菜和萝卜可以佐餐，野菜有苜蓿、荠菜等。直到80年代初期，西村才解决了温饱问题。如今，小饭馆和超市都有现成的饭菜出售，村里有馒头房、压面房、烧饼铺，现在面条一般都不再自己压做，现买现吃，用村民自己的话说，就是“手不抓面”。WHS说：“随着承包大棚，人都忙起来，没时间做饭，小商贩来卖什么我们就买什么，不搞价。经济效益好了，现在人都舍得买吃的，用钱也方便了，消费观和城里人差不多”。有的大棚户会在各自大棚周围的空地上种些蔬菜或麦子、玉米，供平时自家消费，WXY家收的500斤麦子磨了300斤面粉，磨面一斤5角钱。但是自种粮食往往是不够的，就到别的村买麦子，回来后再加工成面粉，WXY说“这样的面粉没有添加剂，耐吃顶饱对身体好”。据我们的调查，在粮食、蔬菜的消费方面，选择“自种自食”的比例为46.7%，“基本上不种粮、不养家禽畜，都在市场上买”的比例高达53.3%；“平日哪类食品消费较多”？答案依次为：粮食47.7%，蔬菜35.3%，肉食12%，水果5%，高蛋白的蛋奶和新鲜水果与蔬菜越来越受到村民的青睐。

从西村衣食的变化来看，村民在穿着上完全实现了商品化；吃的方面已不再追求“吃饱”，而是“吃好”、“吃的健康”，吃好身体素质才好，健康的意识明显增强。村里的文化中心广场各种健身器材一应具备，早晨跑步锻炼的人多了，有了小病及时治疗；以前看谁胖，说明日子过得好，现在比谁瘦，“千金难买老来瘦”。商品化发展一般经历三个阶段：第一，自给自足，即农产品的生产、贮藏、加工、消费全在自家范围内；第二，加工商业化，即加工环节分离出来，出现分工和专业化；第三，全面商业化，即出现非农活动与乡村市场，社会变迁反促农业现代化①。西村的商品化发展处于第二阶段并有向第三阶段转变的势头。

住。这些年村民收入水平的提高为建房提供了经济基础。盖房是村民人生中的大事，它既与婚姻紧密结合又与面子相勾连。所以出现了“挣死巴活盖房子”、“图个邻家好看”、“你有20万没有盖房，别人认为你没钱，你没有20万借钱盖房，别人认为你有钱”的说法与做法。1949年以来，村中的房子已经更新换代了4次：

① 陈吉元，胡必亮．1996．当代中国的村庄经济与村落文化［M］．太原：山西经济出版社：75．

50—60 年代，村民所住的房屋都是清一色的土坯房，就地取材，将和好的泥浆倒入事先准备好的木框中，晾晒好后作为建房的原料。同时，依坡而建也是秦岭以北、黄土高原以南关中八大怪之一，“一边盖”的房子一旦遇到大暴雨极易坍塌。

70 年代，条件好的人家建房时，在距离地面 80 厘米以下的位置用砖砌成，80 厘米以上仍然使用土坯，并且门窗极小不利于采光，走进屋内感觉光线非常昏暗。

80—90 年代，村民开始建造砖混结构的瓦房。1985 年 LYC 第一个在村中建起了砖混结构的两层楼房，在当时还没有水泥的条件下，墙体用白灰与沙子沏成。房子建好后，引得外村与本村的人络绎不绝地前来参观，村民还没有见过城市样式的楼房。

进入 2000 年尤其是近四年以来，村中陆续出现了钢筋混凝土式的二层建筑，每层楼高 4.2 米，敞亮的铝合金窗户，红底配以金属铆钉的大门，外墙用灰白相间的瓷砖贴面，显得高大气派，屋内结构实现了功能化分区。而且，村民们的商品意识渐显，喜欢沿着公路两边呈“非”字形建房，调查中我们看到的景象是一家挨着一家的前店后屋式的超市、农资店、馒头店、压面房等。

目前，村中的土坯房占全部建筑的 5%，砖混结构占 50%，钢筋混凝土式的二层建筑占 45%。近两年来，举家在外做生意或是本村小伙儿娶了外地媳妇的人家，兴起了在城内买房的风气，粗略统计已有 30 多户不在村中居住。更为重要的是，物理空间的变化具有社会意义，已住上两层楼的 RH 说，“以前家里是大户型，与长辈一起住，感觉生活不方便，个人没有隐私，比如夏天洗澡时感觉很不方便，并且那时候家庭都很不富裕，生活在一个屋檐下难免会闹的不愉快，会发生经济纠纷，婆媳矛盾等，现在生活富裕，并且家家户户也由大户型变成了小户型，不再会有这种情况发生”。住房结构导致家庭关系、伦理尊卑、私人领域、生活习惯等发生极大变化。

用。在日常生活消费方面，以前对人居环境要求不高，脏乱差视而不见，现在人们想开了，人生在世几十年，应注重生活的质量。2010 年太阳能在全村普及，家家户户不仅门前干净卫生，自己也常洗澡，衣服穿的虽然不贵但肯定干净整洁。原来拉风箱做饭，现在用煤气灶或电磁炉，村里有天然气公司的代办点，液化气用完了只需拨打一个电话，不到十分钟就送货上门，只需交纳 5 块钱的手续费。西村曾经用过一段时间的沼气，现在因为很少种粮了，没有了喂猪的原料致使养殖业衰落，沼气也就随之停用，大棚所用农家肥都需要从养鸡专业户或是养殖企业那里购买。以前做饭烧麦秆、玉米棒子，做饭慢还不卫生，现在家家换成电饼铛、电饭锅等器具。洗衣机由单缸升级为双缸，家庭主妇只需要按一下电钮，衣物就会自动洗好甩干，大大减轻了妇女的家务工作量。RZM说："冰箱以前觉得买了没用，放在家里是个摆设。现在我也往里放'猫叫唤'（肉食），如果下雨进不了棚，我媳妇一次包很多饺子，吃不了的冻在冰箱里，忙时拿出加热即食成了速食品"。目前，村上在城里买房的有30～40户，买小汽车的几十户，一年就增加了10几辆，价值一般都在10万元左右，最好的是价值百万的宝马。西安至宝鸡的大型豪华车6辆，50吨的大型货车2辆，远赴新疆、甘肃等地拉货。手机几乎人人都有成为大众化商品，过年时给重要客商与亲戚朋友发送短信拜年，村民戏言："毛主席真伟大，他没用上大哥大"。村民们的娱乐生活变得更加现代化，看电视、看影碟以及在家里K歌都是人们常见的娱乐内容，过去那种全村老少看露天电影的现象没有了。老人、妇女、小孩对于电视节目的选择各有所爱看不到一起，每户平均拥有电视机2～3台，各看各的、相安无事。平日，村民最爱收看的电视栏目当属充满乡土气息的陕西特色方言剧《百家碎戏》，每天晚上定点围坐在电视机前，收看发生在自己身边、能产生共鸣的家长里短的故事。村民QC 69岁的父亲说："每天晚上泡一壶茶，往沙发上一躺，听着秦腔，可美了"。村里现有台式电脑20台，上大学的孩子都有笔记本电脑，"没人用手写字，没人打算盘了"，电脑的主要用途是与在外地上学或是打工的孩子视频聊天、上网查找信息资料，看社会焦点评论，打游戏等。从调查的数据来看，82.7%的人认为，现在比以前敢花钱了，ZLS说，"爷给孙子买东西气长了，以前吃西瓜靠兑换（麦子换钱买瓜），今年正月里就吃了3个西瓜"。

行。在消费水平大幅度提高的同时，消费结构悄然发生了变化。村民不仅认可和接受了城市的消费生活方式，而且还在不断的模仿和追随。2011 年 4 月，YL 旅行社通过镇里妇联组织大家外出到秦岭地宫、兵马俑去旅游，车费来回 30 元，加上门票共 90 元。虽然在 YL 生活了这么多年，离临潼也很近，却没有去过兵马俑，所以这次一辆 45 人的旅游车坐得满满的。RDH 说："我们都到兵马俑门口了，但没进去，以为秦岭地宫就是兵马俑，进去之后才发现不对，回来后很懊悔。旅行社之前也没有说清楚，只说交 30 元的车费就可以了，所以没带多少钱，下次要把孩子带上，一伙人自己租车出去转"。旅游时，RDH 还买了磁疗项链，虽然看着质量不怎么好，权当第一次出门旅游的纪念品。她说"以前有时间想出去逛，可是手头紧，怎么也想不通辛辛苦苦赚钱出去逛一圈就没了。现在承包大棚忙得很，有钱了，也想通了，趁着年轻，孩子都上学了，也不用看孙子，还能跑得动，能出去玩就出去，等年龄大了，想出去都逛不动了"。还有的村民走得更远，JJZ 2011 年农高会后坐卧铺去武汉玩了 3 天，接着坐飞机从武汉到深圳旅游了 7 天，最后从深圳飞回咸阳机场，叫辆出租车载回村里。这是夫妻两人生平第一次坐飞机，JJZ 说，"这次旅游还不解馋，准备下次再去北京"。因为发展大棚产业，村民有了经济基础，有能力支付旅游的费用。随着活动半径的扩大，视野与见识更加开阔了。闲暇生活所发生的变化，背后体现出消费观的变化。

消费在进入谋求发展阶段后更具有投资性质。虽然村民与城里人同样拥有很多时尚的消费品，比如手机、电脑等，但他们更多的是在为将来做规划性消费，换句话来讲，他们的消费指向"村外"。WXY 告诉我，2009 年为妻子买了人寿保险，每年 1 100 元；2010 年为小女儿（1 800 元）、儿子（700 元）买了少儿英才，大女儿在学校办有保险就没买，2011 年为自己也买了保险，每年需交 2 000 多元，一家四口一年下来共交 5 700 元的保险费。他希望趁自己能挣钱的时候，为家人铺垫一个尽可能好的生活预期。2011 年秋季的连阴雨，村里 20%的大棚坍塌率，直接影响到村民的经济收入。但是，事先给大棚投保的个别农户却得到了保险公司 200 元／米的赔付，最低程度地降低了损失。这件事极大地教育了广大村民，纷纷办理了"银保富"设施蔬菜保险，保险产品由设施大棚和大棚经营者意外伤害保险两部分组成，每标准棚保险总额为 2.5 万，村民只需交 130 元，投保的大棚达到总数的 60%。

随着生活水平的提高，睿智诙谐的村民又新编了顺口溜，"西村群众不务棚，袄儿穿的烂；家家围着高低转（指设施大棚和中棚），吃饭顿顿有臊子"。

村民在消费生活方式上所发生的嬗变，让我们实实在在的触摸到现代性在传统村落的投影。

（四）乡土观

传统的中国农民把土地看做命根子，故土难舍、安土重迁、不到万不得已，是不愿意离家出走的。“家”是与“土”紧密项链的，它作为传统农业生产方式与生活方式的一种生存形式，具有极强的内聚力，可以带来个人对家庭的认同。因此，“家”与“土”是农民最重要的观念。但是，近 20 年以来，村民的观念和行为深受商品经济的冲击，这种变化最直接的体现就是对土地的利用和对土地感情的变化。过去，村民们视土地是家里最主要的财产，总是想方设法地提高土地的使用效率，斜坡、田埂都种上了各种各样的庄稼或蔬菜。只有好好种地才能吃饱肚皮，不好好种地的村民是受人鄙视的，他们即使挨饿也没人同情。但现在这一切似乎发生了一定程度的回归，常年在外的要么将土地流转给亲友，要么抛荒，村民不再像原来那样精耕细作的利用土地，相反，他们开始鄙视那些仍然死守土地的家庭了。村里没有纯农户家庭，每个家庭都有人在外务工，老人留在家的目的是替儿孙守着土地，然后力所能及的种点作物。他们也支持儿孙外出务工，愿意守着土地，因为他们认为“务工可以多挣些钱但只是暂时的，务工的人总有一天还是要回到村里的”。

乡土观的淡化首先表现在年轻人的离土意向。如今越来越多的村民离开故土到城市务工，80、90 后甚至十分向往城市生活，期望能够在城市定居。这一切都表明传统的乡土观念已然发生了巨大变化。强烈的城市倾向以及早早就离开学校加入务工队伍，使得 80、90 后对土地的认识和情感远远不同于父辈。调查发现，这些十七八岁就开始务工的年轻人根本没种过地，种地在他们眼中甚至是一种“没有出息”的表现。因此，80、90 后的非农化倾向势必导致农业女性化、老龄化，以及附加的另一个严峻后果——农业劳动力的断层。在西村，目前种地的主力是中老年人和妇女，年轻一点的，无论男女都在外面务工。调查中很多老人都反映现在的年轻人平时在外务工，回到家也从来不做农活。他们担心这些年轻人以后不能务工了，回到农村后不知道该怎么生存下去。但西村的年轻人却不以为然，他们希望通过务工积累技术和资金，以后就可以彻底脱离农口。

其次表现在离家意向。支书 RRQ 有两儿一女，大儿子与媳妇三年前远赴新加坡工作，留在家里的女儿快4岁了，还没见过爸妈的面。二儿子曾经在部队干过，现在夫妻两人在武汉经营化妆品生意，“我试图想让他回来，农村大有作为”，儿子一句话让人心凉了，“爸，我没二”。“两个儿子在家都有宅院，但空无一人，杂草丛生。我有时候睡下想，我俩要是病危，他们往回赶都跟不上。现在村里已经有30几户锁门了，只有逢年过节上坟时回来，如果以后不许土葬了，就彻底没有念想了”。随着子女在外工作时间的延长，两代人在价值观念与生活方式上的差异也越来越显著，“家”似乎也回不来了。RRQ说：“村里50、60、70年代的人农意识深厚，还将土地看做是命根子，自称是守边关的人，现在的80、90后根本看不上农。今年二儿子从武汉回家过年，生活模式和我们不一样了，吃饭不仅要求四菜一汤，而且没啥数，早晨睡到10点起床，晚上精神头十足成了夜猫子，夜里12点还叫炒两个菜；20元以下的烟不抽，不攒钱，挣一个花两个”。“他回来反而打乱了我俩的生活秩序”，RRQ多少有些“无奈”地说。

乡土观念的变化使得留守村民不得不重新思考千年不变的日常生活规则。村主任RJC提供的报表显示，目前村中空巢老人共192名，其中，60～69岁的有133人，70～79岁的46人，80～89岁的12人，90岁以上的1人。迫在眉睫的问题是：谁来养老？凭着大棚收入，经济上的养老并不存在问题，但是，如果有一天卧床不起，日常生活照料由谁来承担？精神慰藉和情感支持谁来提供？“大儿子虽说每周打一次电话，第一句问你还好吧？第二句就叫他女子来听电话。与你无话可说”。以前在农村占主流的主干家庭结构承载着“养儿防老”、“传宗接代”的功能，现在农村中大量存在的隔代家庭、空巢家庭迫使农村社会治理方式必须创新。

现在的父母在儿女婚姻问题上不再像过去那样强势甚至显得苍白无力，尤其是面对很多外嫁女的婚姻问题时，很多父母都显得十分无奈。WF的父亲WYA其实十分不希望自己的女儿远嫁外省，但老人无法改变年轻人的想法，只能被迫接受。但是他们不敢相信年轻人婚恋自由对于建立家庭稳定性的作用。在老人的眼中，年轻人在外面跑，眼光高了，心花了，而且在婚嫁方面丝毫不谨慎。

务棚作为一条新的出路，让留守者开始重新看待读书的功用。西村有重视教育的传统，村民们也一直把读书作为最重要的出路，但是，现在这种传统却面临着严峻挑战。弥漫在西村的教育观念有三种倾向：一种是认为读书依然很重要。无论是务工还是务农，没有知识是绝对不行的，关键是读什么样的书。过去人们比较倾向于高学历和学习理工科，现在则更加看重技术，因此，村民更倾向于让自己的孩子去读技工学校，“有艺不压身”。另一种则是“读书无用论”思想在村中也有了市场。也许是看到村里有些大学生毕业后并没有找到理想的工作，也许是看到很多孩子初中未毕业外出务工照样拿到高工资，一些村民开始怀疑读书的目的，转而支持孩子早早离开学校外出务工，不能不说这是一种毫无规划而又短视的行为。但就是在这种思想的影响下，自 2003 年开始，越来越多的孩子在完成初中学业之后便离开学校，早早加入了务工者队伍。他们是否获得了人们所期望的成绩，还不得而知。第三种思想认为上大学仍然是子女教育最重要的选择。但是，迄今为止，村中走出的大学生没有一个返乡。

（五）观念之变：从价值理性到目的理性

马克斯·韦伯根据是否合理以及合理性的程度将社会行动类型划分为目的合理性行动和价值合理性行动，前者即以实现自己所争取和所考虑的作为成果的目的的行动，后者则是一种无条件的对固有价值的纯粹信仰，不管是否取得成就的行动。韦伯正是以理性化为视角来考察现代工业社会，他认为社会变迁，即传统社会向现代社会的转变就是社会生活的“理性化过程”，也就是目的合理性日益发达，价值合理性相对衰退的过程。韦伯认为理性化有两个标准：一个是“祛魅”的程度，另一个则是系统化的程度，也就是对自己生活的世界是否有一套完整的世界观①。

传统村落中，农民的价值观念是以道德为中心，强调获得手段的道德性的价值合理性行动，而现代社会的运行规则发生了从传统儒家伦理规则向以市场规律和法理为标准的规则转变。传统的儒家伦理如同“魅”一般被“祛”掉了，以往的以人情道德为基础的行动规则开始瓦解，不再适应趋于现代村落生活的需要，而新的以市场、法律为基础的行动规则还未真正确立起来，转变的突然性和剧烈性使农民社会行动的价值准则领域出现了真空和断裂。农民过去习惯的日常生活经验开始失效，过去很明显确定的标准现在却变得模棱两可，失去了规范与信仰的农民有些无所适从。正如一枚钱币的两面，在传统被撕裂的同时，韦伯所指的系统化的程度即一整套现代观念体系正在形塑（表 6-4）。

① ［德］马克斯·韦伯．2010．经济与社会［M］．上海：上海人民出版社．

表 6-4 传统观念向现代观念的转变

观念	传统观念	现代观念
乡土观	传统农民把土地看做命根子，安土重迁；"家"与"土"紧密相连，有极强的内聚力	年轻人城市化倾向十分明显，中老年人"被城市化"较突出；工商精神凸显
公私观念	没有清晰的公私观念之分；在后院自搭架板放柴，随处晾晒衣物，在绿化带里种大葱等蔬菜	关心公共事务与公益事业的比例较高，但是参与度偏低
交际观	关系亲密且内部互动频繁，守望相助，富有人情味	亲属关系弱化；讲求个体主义与理性；沿着血缘→地缘→业缘的顺序渐次向外扩展
卫生意识	干农活的特殊性质，农民出入不换衣服；社区内随意丢垃圾	穿戴干净整洁，到工地穿工作服，回家换便服；保洁员打扫卫生
健康意识	以前看谁胖，"吃了吗"是见面语；讲究数量而不是质量	现在比谁瘦；"生命值钱了，都知道运动了"
消费意识	粮食蔬菜自种自销；崇俭黜奢，重物质轻精神；以实惠型消费、集中消费为主	逐渐习惯了个人购买服务；个性化、多元化消费开始呈现
闲暇观念	串门聊天；较少参与公共性、社区型的公共娱乐活动	早晚做操跳舞，锻炼身体的人多了；电脑等高科技进入闲暇生活
时间观念	模糊不精确，常用"一袋烟功夫"、"一晌午"等概念来衡量	精确守时、货币化，常用"每小时多少钱"的概念衡量
市场意识	以帮酬帮的换工方式；保守封闭，万事不求人	讲究经济报酬；市场逻辑沿着职业领域→家庭领域渗透
文化价值观	规范、习俗等对于"场域"成员的行为方式和生活方式具有强大的约束力	传统文化价值观开始蜕变，快餐式城市文化渐显；浮躁的心灵找不到皈依

二、家庭的变化

对于社会变迁而言，一旦进入家庭这一私人领域，进入价值观层面，这种变迁必然是根本性的。商品经济的原则随着大棚种植渗入到农民家庭和个人关系之间。

(一) 家庭劳动分工与技术决策

在传统社会要想成为富有权威的父亲，就必须是“种田好手”，不同种类的作物，不一样的耕作方式，他都可以很自然地根据经验常识作出判断并运用自如，只有这样才能带来丰裕的财富与较高的家庭地位，妻子的职责主要是养育孩子和操持家务，其社会角色主要是围绕家庭而产生的，如妻子、母亲、婆婆、儿媳和女儿。“男主外女主内”的性别角色分工是传统父权制社会的基调。

现代科学技术的导入使得女性越来越多地介入职业领域，带来了家庭角色的重新分配，丈夫的作用在悄然减退，妻子作为共同经营者的作用逐渐加强（张红，2011）。从表6-5中我们可以看到：大棚选种什么品种（48.3%）、盖房（47.7%）、买大件物品（52.3%）、红白事（55.3%）以及孩子的学习、工作、结婚（55.3%）等事宜的决策上，丈夫与妻子“共同商量”后决定；而购买化肥和农药（54%）、学习农业技术（54.3%）、农产品销售（50%）以及家里的投资贷款（57.7%）方面，丈夫的决策权明显占据优势。上述两组数据显示：①在生活领域中的盖房、红白事以及孩子的学习、工作、结婚等大事需要夫妻共同商议后决定，或是“谁有能力谁当家”。随着农村妇女经济收入水平的提高，改善了女性在家庭中的权力和地位，奠定了其享有和行使各种权利的基础，使家庭中性别分层的差距逐渐缩小，夫妻关系倾向于平等。调查中女主人嘻笑着说，“这家除了灶王爷，就数我最大”。②在生产销售领域，丈夫依然占据主导地位。农村中，男性普遍比女性文化程度高，因此学习大棚科技主要是丈夫参加，回家后再教授给妻子。化肥农药的品牌丈夫说了算，具体使用则是妻子的事；对外销售联系买家也由丈夫做主。说明家庭在对外交流方面，丈夫依然占据主体地位，妻子的角色仍局限在狭义的农业劳动上。调查中在谈到农业生产若需要贷款时，男主人都会提高嗓门自豪地说：“银行贷款要填户主，当然是我了”！妻子对此表示认可并无异议，这种状况与农村中至今延续的“从夫居”的传统习俗有着密切关系。调查中，部分女性甚至认为这些事本该由男性来决定，以自己没有经验为由与这些事切割开，“这些事是男人的，我不懂，从来没管过也不会”，“像贷款啊什么的手续太麻烦，银行都不常去，不会弄”。可见，在家庭投资或贷款等需要大量资金的事项中男性具有绝对的主导权，即使是丈夫不在家也会“电话遥控”。随着男性见多识广及经验的丰富、投资眼光与判断决策能力的增强，又反过来再次强化了丈夫的权威。妻子很大程度上只是以农业助手的面目出现，“男人管女人干”的劳动分工格局在大棚生产中依然有所体现。

表 6－5　决策性事务调查情况

单位：%

	丈夫做主	妻子做主	夫妻共同商议	其他人做主	合计
品种	40.0	9.3	48.3	2.3	100
购买何种化肥农药	54.0	11.3	32.0	2.7	100
学习农业技术	54.3	14.7	29.0	2.0	100
农产品销售	50.0	13.3	34.0	2.7	100
家里投资贷款	57.7	4.0	35.7	2.7	100
家里盖房	45.7	2.3	47.7	4.3	100
家里买大件物品	38.7	5.3	52.3	3.7	100
红白事	37.3	4.0	55.3	3.3	100
孩子上学工作结婚	28.7	5.7	55.3	10.3	100

我们根据农业生产链条将作业过程划分为：产前（规划种什么）——产中（播种、田间管理、收割）——产后（农产品的分配、流通、消费），以此来反映农业生产中性别分工情况（图 6－1）。在大棚的经营管理中，夫妻分工明确：妻子负责喷花、缠蔓、剪枝、采摘、打药、施肥等操作性农活，丈夫承担产前决策与产后农产品流向事宜。设施大棚是家庭的重要经济来源，关乎整个家庭的生计，所以，类似品种选择这样的重大问题，西村 LZM 的话具有较强的代表性："我承包了 4 个棚，家里两个半人，我和老伴儿还有孙子，每天早上 6 点起床，院子我打扫，她做饭，相互配合。我比她技术好，她比我做务好，种什么品种听我的，农药她有经验了，但新病她不懂"。

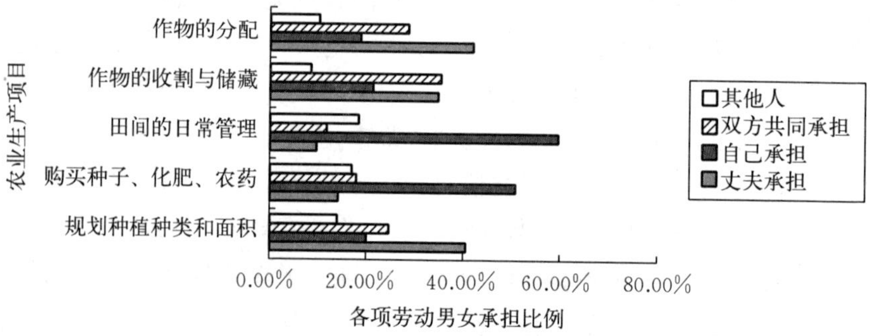

图 6－1　农业生产的性别分工状况

虽然在劳动分工与技术决策上夫妻关系趋于平等，但是，仍然可以清晰地看到“父权制”的影子。夫妻俩在大棚里劳作了一天，回到家中，丈夫基本成了饭来张口的大爷，妻子依然要忙前忙后做家务，设施农业的进入明显增加了女性的劳动负担，形成了“男女主外女主内”的夫妻模式。当采访到女性时，她们感叹“每天都要到棚里，活多的忙死人”！性别意识是一种社会建构，一旦社会对女性“能做什么”、“应该做什么”和“适合做什么”达成一种默契，那么这种默契就会通过女性与社会的长期互动而内化为女性的行为准则，使女性自觉地做出符合社会规范的决策①。

（二）家庭关系的变化

从“差序格局”的结构视角看，家庭关系是农民最亲密、交往最频繁的社会网络。农业技术的实施对于夫妻关系、亲子关系产生了怎样的影响？带着这些疑问，我们深入到农户家中调查。

1. 夫妻关系

以前丈夫在外打工，妻子留守在家看孩子、种田，夫妻俩工作圈子不同缺少共同话语。现在夫妻双方共同经营大棚，女性也参与到大棚的种植、管理与销售环节中，逐渐有了平等的话语权。村民 WHS 初中毕业，妻子小学三年级的文化程度，以前俩人经常为了孩子教育、经济等家务事吵架，甚至大打出手，夫妻关系“焊接不牢”。自从承包大棚以来，夫妻俩每天一起劳作，一起谈论销售价格，共同决定种植品种，围绕大棚有了愈来愈多的情感互动。蔬菜成熟时，丈夫为销售忙前忙后，与批发商讨价还价，妻子参与发表意见的同时，担负采摘和装箱的任务，夫妻关系反而融洽了许多。在传统农业社会，丈夫是家庭中经济生活与精神世界的主宰，妻子没有独立的人格，家庭关系的轴心是亲子关系而不是夫妻关系。现代农业原则的渗透使得妻子在经济、人身与思想意识上的依附明显减弱。

良性的夫妻互动无疑会提升双方增权的满足感，个人意见对家庭决策的影响力、对方是否尊重自己，以及对家务分工和家庭地位是否满意等，都可以作为衡量指标纳入评估体系，由此加大主观满意度在评价家庭地位中的权重（表 6－6）。从被调查者的回答来看，大多数被访者对目前的生活、婚姻状况、家庭分工及家庭地位都是满意或较满意。务棚给家庭带来了更多的经

① 孙玉娜．2008．非农化进程中陕西农村妇女家庭地位研究［D］．杨凌：西北农林科技大学．

济收入，提高了生活水平，家庭生活的满意度来自于生活条件的好转。但是，由于务棚的劳动强度相比种粮更辛苦以及繁重的家务活，剥夺了村民用于休闲的时间或外出获得经济收入的机会，也会造成一定程度的怨气及不满。

表 6-6　家庭婚姻的满意度

单位：%

	非常满意	较满意	一般	不太满意	很不满意
家庭生活	9.2	25.8	39.6	15.1	10.3
婚姻生活	13.5	34.9	28.7	16.9	6
家庭地位	17.9	32.9	32.1	18.3	1.2
家庭分工	8.7	27.5	40.3	14.6	8.9

家庭的财政大权由谁掌握？村支书 RRQ 说，“99%都是妇女管钱，婆娘是个匣匣子，男的是个耙耙子。一般花销三五百不跟我打招呼，但花大钱和用于经营的流动资金必须要与我商量”。因为在家务棚的多是妻子，她们自然地就承担起管理账目的活儿，如果收入 2 万，跟丈夫说是 1.8 万，剩下的 2 000 元留作小金库，给娘家贴补或是自己手头活用。西村的马小堂 2009 年给自己私下存了一年定期的 3 000 元钱，2012 年年初在整理衣柜时被丈夫发现，问她有没有隐私？4 年时间过去了，她早已将此事忘记，现在改名为马晓堂，村里出了证明才从银行将钱取出。表面看来，丈夫似乎成了“妻管严”，但是，从使用手机这一现代沟通工具来看，又可以反映出夫妻之间微妙的关系。虽然妻子也有手机，因通话量少很少随身携带，而丈夫则是机不离身，他们要与技术员通话，询问技术问题；要与客商联系，便于自家产品的销售。如果一个人在封闭、保守的环境中生存，与外界交流少，那么就难以掌握适合市场经济机制的“现代化”生活方式和思维方式。另一方面，农村妇女自身也缺乏打破地域界限扩展社会关系网的意识和需要，因为村里的小卖部为她们供应了各类日常生活用品，她们无需走出农村就能解决衣食问题。又由于农村通婚圈半径较小，妇女的亲戚朋友多分布在附近的村庄，甚至是同一村，因而她们难以获得异质性的交往群体①。

因为女性在家里仍然处于从属角色和被支配地位，所以，我们采用态度五

① 易佳．2008．农村妇女的休闲与文化资本关系研究［D］．杨凌：西北农林科技大学．

分量表法对女性的性别角色观、家庭婚育观、家庭权力观和个人发展观进行了测量，由此来反观夫妻关系。根据测量的结果将其划分为三种类型：现代型、传统型与过渡型。具体方法是：根据被调查者的态度进行赋值，家庭婚姻观分为传统和现代两种，并分别围绕这两类设置问题，即，传统型的五个选项为：非常赞同、比较赞同、一般、较为反对、坚决反对，分别赋值为－2、－1、0、1、2；而现代型的五个选项为：非常赞同、比较赞同、一般、较为反对、坚决反对，分别赋值 2、1、0、－1、－2，然后将性别角色、家庭婚育、家庭权力和个人发展四方面的测量指标进行加权，根据加权值划分。加权值＞0 为现代型，加权值＜0 为传统型，加权值＝0 为过渡型。测量结果如表 6－7 所示。

表 6－7　妇女家庭婚姻观的类型（％）

	现代型	过渡型	传统型
性别角色观	22.9	11.2	65.9
家庭婚育观	43.7	13.6	42.7
家庭权力观	39.3	18.6	42.1
个人发展观	17.6	25.7	56.7

数据显示，农村妇女家庭婚姻观念的类型以传统型居多。其中，家庭婚育观、家庭权力观中现代型所占比例较高，而性别角色观和个人发展观中主要是传统型居多。妇女家庭婚姻观念的不同会对夫妻关系产生一定的影响。第一，性别角色观影响妇女在农业生产和家庭中的角色定位与角色行为，进一步将会影响到家庭分工。女性按照传统性别规范定义自身的角色，履行表达性角色的行为，也就是承担抚养子女和满足家庭成员各方面需要的责任；而丈夫扮演工具性角色，负责挣钱养家，为家庭提供物质生活保障。因此，调查中“丈夫外显”与“妻子内敛”的角色与行为现象就可以得到合理化的解释。第二，家庭婚育观影响女性的生育自主权。当问及“生育孩子的数量通常有谁决定”？41.6％的妇女回答“双方共同商量”，17.8％的妇女回答“自己决定”，23.7％的妇女回答“丈夫决定”，7.4％的回答“由公婆决定”，其余的回答“顺其自然”。继续追问“喜欢男孩还是女孩”？55％的被访者选择“男孩”，27％的选择“女孩”，8％的选择“都一样”，并且在选择女孩的人中大部分是因为家中已有男孩。“虽说现在宣传儿子女儿一样，但是心里总觉得不是这么回事，在农村还是儿子比女儿好，有儿子心里感觉更踏实，但男孩长大了就跟自己的心隔得远了，女儿确实要比儿子孝顺”。由此可见，妇女的生育自主权虽然有了

较大的提高，夫妻关系体现出平等的发展趋向。但是，答案中由丈夫决定的比例仍然高于妻子，男孩偏好的观念依旧存在，反映出父权制在农村的影响依然较大，观念的变革滞后于经济发展。第三，家庭权力观是指女性对自身在家庭中享有权力的认识和看法。调查中发现，女性只是对需要耗时间精力、比较琐碎的“生活型”的事务拥有决策权，这也可以看作是女性作为母亲和儿媳的角色应该承担的责任，而事关家庭重要的大事决策权依然把持在男性手中。第四，个人发展观是女性对婚后个人职业选择、事业计划和自身发展的认识和态度。研究发现，女性很少有自我发展的意识而仅是为了家庭的整体发展牺牲自我的发展。无论是大棚生产还是从事其他的兼业活动都是为了补贴家用，“生存理性”支配下的妇女明显缺乏自我发展的意识。

2. 亲子关系

传统意义上的代际关系，主要建立在血缘基础之上，具有先天性和稳固性。在这种关系下，家庭内的合作分工更多的是长辈对晚辈的一种命令行为，具有传统的家长制特点，强调孝道。家庭成员较少迁移流动，一般在家长的组织下从事自有土地或租佃他人土地进行生产，体现为自给自足[①]。农业作为支柱产业，土地是联结家庭成员的主要载体，家庭成员间形成的是一种基于农业生产活动的互助关系，即子女和父母一起劳动，一起生活，共同承担生活风险。这种代际分工不具有市场意义，主要目的在于缓冲农业生产本身的脆弱性。在此条件下形成的是一种以尊重长辈、孝顺父母为特征的中国传统伦理。因为在闭塞的小农经济时代，长辈、父母不仅是生产资料的所有者，而且处于生产劳动的优势地位，他们相对于青年人更有经验、有关系。这时的家庭代际关系处于一种相对稳定的状态，一切都按部就班的在家庭内部实现生命周期的循环。即使进入工业社会后，虽然农村也受到一定程度的冲击，但是家庭内部的分工还是很明显的。

传统家庭关系得以建立的实质是由于代际间的相互依赖，这种依赖是指家庭的功能性很强，父辈和子辈之间存在着明显的抚养与赡养关系，尤其是体现在经济上。子女在成家之前必须依靠父母生活，“衣来伸手，饭来张口”就是其真实写照，在这个意义上讲家庭关系是亲密的；而当父母年老之后，失去了劳动能力，不能创造经济财富时，又不得不依靠子女生活，指望子女养老送终，这也是费孝通笔下“反哺式”的养老模式，从这个意义上看家庭关系也是

① 王跃生．2010. 农村家庭代际关系理论和经验分析——以北方农村为基础 [J]. 社会科学研究（4）.

亲密的。在承包大棚前，中年人承担着家庭经济的主要来源，无论对上还是对下，他们是这个关系结构的核心所在。很明显，这种家庭关系具有很强的依附性色彩且极不均衡，家庭内的互动主要是单向的，而其实质就是一种社会交换，功能性极强。

中国的家庭之所以能在相当长的时间内保持“父慈子孝”的伦理特征，也是市场性发育不良的外在表现，家庭受到的冲击相对较小。而在城镇化、现代化的浪潮下，每个个体都被推到市场面前，如果还紧守着血缘来维系关系、化解风险，那是远远不够的，这样一种家庭在城镇化、商品化的冲击下不具有任何抵抗力。

研究和讨论亲子关系，必须围绕中年人这个核心从两个维度出发来展开，一是青年人与中年人的关系，二是中年人与老年人的关系。

青年人与中年人的关系。代际合作在中国农村家庭内自古有之，而且在不同时代具有特殊的内涵。如，传统农业社会，青年人和中年人之间的分工主要是基于农业生产劳动的一种合作，我们关注的是进入现代社会后，这种分工结构是如何变化的。调查发现，村落中家庭成员之间的经济依赖逐渐减小，代际分工更多地呈现出一种“相互合作”的关系：由于现代社会生存压力大，青年人必须离开家庭，以求更加积极地参与市场分工，承担家庭的主要经济来源。而青年人的离家又不可避免地造成了下一代的抚养问题，它不仅指经济上的支出，也包括生活上的照顾。在这样的背景下，青年人对中年人就产生了强烈的诉求，期望父母能够代其照顾下一代，即隔代抚养。对于中年人而言，一方面他们在市场中因年龄、知识、技能等原因缺少竞争力，逐渐退出劳动力市场，有空暇时间；另一方面，他们对青年人也存有未来的期许，在自己年老体衰之时，即使不用过多地考虑养老中的经济因素，也会渴望子女能够给予日常生活照料，提供精神上的慰藉。这样一来，青年人与中年人之间的经济独立将代际关系引向一种平等性的交换，共同抵御来自市场和老龄化的风险，这种代际分工更趋稳定，更富市场意义。

随着家庭联产承包责任制的实施，农业现代化步伐的加快，农业机械的大量使用，村中大量的剩余劳动力纷纷离开家门，在非农行业中寻找就业门路和赚钱途径，成为家庭收入的主要贡献者，而他们的父辈则仍以耕作农田为主，对家庭的经济贡献有限，代际间的家庭经济地位发生了颠倒。但是，亲代家庭与子代家庭仍然保持着密切的生活协作关系，即在外务工的青年夫妻仍要依赖父母照看孩子，这种关系在设施大棚进入后也没有发生大的变化。但是，代际责任与伦理却发生了逆转。目前，长期生活在村中的多是40岁以上的半工半耕人员，他们正处于上有老、下有小的年龄段，“把媳妇娶进门、把父母送下世”的角色扮演使得他们在代际责任与伦理上起到“承上启下”的作用，即传统的家庭伦理与家庭本位在这一代人身上还能够清晰的体现，但可以预言的是，他们将是村中最后一代传统公婆。对“上”而言，平日侍奉老人，终老时隆重的丧葬礼仪依然在延续，还要“争口气，尽量不要叫人笑话”，但是，明显能够感觉到的是，村民对“下”的关注远远重于“上”，从上学—盖房—结婚—带孙子，他们把一切财力精力都投资到孩子身上了。村民LGH说，“孩子上大学这几年，我没给自己买过衣服、没添置过家具，轻易不买菜，衣服是三姐给我的，沙发和桌子是我弟淘汰下来的”，好不容易将老大供养出来了，又操心孩子的婚事，“没给孩子娶媳妇，任务就没有完成，哪怕借钱也要完成。等两个孩子都娶了媳妇后，我俩才给自己攒钱，把自己看得值钱些”。

LZH 56岁，他与妻子两人共同经营1个100米的大棚，两个儿子都是厨师，在西安饭店工作，对于未完婚的小儿子，夫妻俩想通过承包大棚，为儿子的婚事提供更多的经济支持。大儿子已成家，育有一儿一女。由于夫妻俩都在饭店工作，没有时间照看孩子，两个小孩从出生起就交由LZH夫妇照看，他们一个月回家一次探望父母和孩子。孙子女的上学和生活费用都由LZH夫妇的大棚收益来支付，从最初的奶粉、尿不湿到后来的生活、学习用品，两个孩子平均一年的花费是1.5万～2万元。LZH的妻子说：“儿子是仇人、媳妇是敌人、孙子是先人。过日子最怕两件事，别生病，儿媳别找事。现在帮儿子照看孙子，老了人家也好好照顾咱嘛！不为难儿媳，以后的日子还长着呢”。随着家庭地位和权威的下降，西村老人的住房安排也如阎云翔叙述中的东北下岬村一样，在家里最不好的位置，临街且离大门最近。对此，他们很平静地接受，并没有感到心理不平衡。当得知今后两年内政府要统一搬迁村庄住进单元楼时，他们也没有想到要为自己保留一套房，而是想把换到的两套房子留给两个儿子。

62岁的RRQ有2儿一女三个孩子，分别在新加坡、武汉和韩城工作，他给我们算了一笔账，“农村中三件事开销最大，一是安葬老人，普通人家一般花销4万元；二是给儿子娶媳妇，如果是当地媳妇，平均花费6万元，外地媳妇就得10万元；三是赞助儿子买房，一个儿子3万，两个6万元。仅此三项就将挣下的80%的钱花完了，有的人甚至欠账都干”。有什么回报吗？“娃向爸要钱理所当然，爸给娃要钱张不开嘴，我们老两口哪怕借钱没向孩子要过钱，他们挣下的钱是他们的，我也不动你的。如果非要深究图什么？自我取乐。我对孩子的要求有三条：遵纪守法；立志成才；有钱没钱常回家看看”。

“眼泪往下流”的代际传承模式仍然在村中延续，向下的情感支持和金钱投入无怨无悔，父母认为“只有这样才算是尽了义务，没犯错误，对得起祖宗”。现代化理论认为，随着工业化现代化的进程，家庭关系逐渐趋于核心化、非亲属化，职业流动将拉大亲属间在地理与社会上的差距，社会福利和保障体系的发展将降低人们对亲属关系网的依赖程度。西村人口的流动在一定程度上打破了传统的家庭代际关系，切割了与原有家庭的联系，年轻人更加倾向于个体本位，追求的是个人享受与城市生活体验，传统的家庭责任与义务在他们这一代已经式微，村庄秩序与规范逐渐松懈，村庄价值生产能力无可挽回地下降了。

中年人与老年人的关系。处于一个最为“恼火的年代”，中年人在家庭内部承担着相对于其他代际主体更多的责任与义务，他们既要为青年人提供帮助，又要赡养老人。以前，养老基本上是一种家庭模式，代际关系呈现的是老年人对中年人的依赖，而且是单向的。这种关系看似很紧密，但却是基于外力束缚下的代际关系，老年人和中年人都感到不自由，甚至可以说是一种沉重的负担。

西村村民大都在孩子工作、结婚、老人送走后，年龄在 45 岁以后才能为自己攒钱，才能为自己的将来做打算。承包大棚的人中，46～60 岁的占总人口的 46.4%，60 岁以上的老人占 12.4%，他们的受教育程度普遍偏低，部分是打工的回流者，其子女受过中高等教育的比例远高于父辈。随着国家政策的进一步开放，进城务工子女在城市定居的比率大大提高，这使得老年父母意识到单纯依靠子女养老已不太现实，需要寻求新的替代方式。一是积极参加新合疗与新农保，60 岁以上的老人每月能够拿到 120 元养老金，改变了以往单纯依靠家庭养老的模式，初步实现了养老的社会化，既减少了家庭纷争又让老人生活得快乐自在。传统的“养儿防老”、“传宗接代”等观念发生了潜移默化的变化。最为关键的是，远高于粮食收入的大棚为他们积累了自我养老的能力。LZH 的妻子说：“大棚的收益不错，自己挣钱自己花，舒坦，还不望别人的模样，说话也粗了，趁着现在还能动，多干几年存点钱，老了也有底气”。但在财产分配方面，国家法定的继承程序在西村遭遇法律规避，现实中父母的做法是财产只留给儿子，不给女儿。给儿子的也分两种情况：如果兄弟没有分家，父母的财产在弟兄间是平均分配；现在的情况是分家提前到来，老大一结婚就分灶另过，其余皆是如此。老年父母的策略是根据赡养老人的情况分配财产，谁照顾老人，财产归谁所有。从财产继承权来看，西村虽然还遗留有传统的思想观念，但老人也在早早地为自己的将来谋划。

综上所述，如果给乡村代际关系做一个小结，其变革主要表现在两个方面：一是年轻人的个体性在强化。村落里主要活动着两个代际主体——中年人和老年人，年轻人由于外出打工很难见到踪影。访谈时有的村民感慨："人生苦短啊，子女的事情他们自己创造，我们自顾潇洒就行了"，"儿孙自有儿孙福"。相比过去，父辈开始注重当下的现世生活，对于子女的婚姻和职业发展基本不太干涉。值得深思的是，以设施大棚为标志的现代农业对于松散的家庭代际关系带来了什么影响？需要从三个代际主体在此过程中各自获得了什么来讨论。现代农业要求土地规模化经营，这就使得青年人有更多的机会外出打拼，对父母的依赖愈加减少；而中年人则主要通过半耕半工参与市场分工序列，是家庭生计的主要贡献者；老年人则在新农保之后，获得一定的养老保障，对家庭的经济依赖也趋于减少，主体性增强。这一系列的变化实质上是从家庭经济结构出发来讨论代际关系，也就是说经济结构的分化导致了家庭关系的变革。代际之间的经济依赖减少，不可避免地引致原本就疏离的代际联系更加松散。在各个代际主体获得经济独立的情况下，个体性强化呈现一种鲜明的姿态。

二是代际关系的平等协作性凸显。发展设施农业后，家庭关系更富有生命力及现代性意义，虽然仍然是基于血缘关系的联合，但它更强调后天的建构，各代际主体都有较强的自主选择性，呈现一种既相互依赖，又相互独立的特点。由此可以认为，基于物质的经济关系决定了人际交往的性质和方式。在传统家庭，父辈掌握了必需的生产资料，拥有家庭内绝对的经济主导权，父辈与子辈的互动更多的是一种自上而下的命令与服从。关系的变革是在城镇化、农业现代化后经济地位发生变革的背景下出现的，无论是青年人与中年人，还是中年人与老年人，彼此之间经济相对独立。经济的独立意味着代际中的个体可以更加自主、自由的选择想要的生活方式，三代之间的关系演化成了一种平等性的交往。我们认为这也是一种乐观其成的、理想的农村家庭关系类型，这种变化是社会发展进步的客观结果。个体更加趋于理性，家庭合作也更强调民主决策，传统的家长制进一步瓦解，每个人对自己财产的支配能力比过去提高许多。正因为有了距离（经济相对独立），关系才变得更美、更和谐。

三、村落的变迁

村落变迁不单是国家政策、市场因素、农业科技自上而下、自外而内的单向实施过程，村民长期生活在极其复杂的环境中积累了丰富的经验和技能，具备一定的判断能力和生存发展策略，所以，他们不再简单的是社会发展的依附者，也是在日常生产和生活活动中对此做出积极回应的主动建构者。同时，这一变迁历程也不是传统与现代的二元对立与割裂，即传统本身蕴涵了一些我们这个社会所需要的因素，能够满足现代社会变迁中的一些特殊需求，它是传统村落的自身机制与现代化之间相互渗透、融合与互补的过程。

（一）社会交往网络的变化

传统社会的经济生活和社会生活几乎都是在“低头不见抬头见”的狭小乡村空间中发生的，人际交往遵循儒家的伦理道德规范，按照由内而外、先长后幼、先男后女的原则依次展开，体现的是森严的权威等级秩序。随着科学技术的推进，乡村社会关系是否发生了变化？发生了什么样的变化？是我们关注的重要内容之一。调查中，设计了“与人交往主要做什么”的问题？高达58%的受访者主要是与他人“进行生产方面的合作”，18%的是“与关系比较好的人闲谈娱乐或走亲访友”，“两项目的都有的”占到调查人数的24%。由此我们可以看出，村民的日常交往发生了两大变化：

首先，日常交往重心的变化。特殊主义的交际圈讲究人情、责任和义务，而普遍主义的交际圈讲究简单明了的工具理性。随着市场经济和商品意识的深入发展，村民越来越倾向于工具理性的朋友之交，传统的特殊主义的交际圈逐渐萎缩，显现出由家庭成员之间→亲戚朋友之间→与陌生人之间交往的趋势，即交往重心外移，逐渐脱离“熟人社会”的范畴，开始进入商品经济和科层制管理的“陌生人社会”。现代农业生产中，村民需要接受专业培训，要向农业科技人员咨询，要与邻居、技术能手分享经验，要与销售商讨价还价，经验丰富者还会去外地甚至是国外做科技交流。村民对于本社区提供的服务需求越来越低，必然使得他们的社会关系更加开放；初级关系的重要性逐渐降低，而次级关系的重要性显著提高。在西村，村民的交往对象更是随着销售环节的出现自然而然地指向村落外部。曾经到河南涉县做过技术员的WZW说，“通过传授种菜技术交到很多知心的朋友，前年由于下雨刮风导致自己的大棚倒塌，他们听说之后除了打电话询问情况之外，还有的从自己的家乡赶过来帮助自己重建大棚。多一个朋友多一条路”。

但是，费孝通在《乡土中国》中所讲的“差序格局”在伦理道德与人际交往上，依然占据一席之地，只是这种作用越来越局限于血缘关系而非业缘关系。对于职业生活领域，关系网络意味着工作机会与工作效率，意味着超越特殊关系的对等交易，更多体现的是具有普遍主义的业缘交往。而在日常生活领域，交往则意味着人缘，意味着遇到困难时能够提供经济和人力帮助。这样就形成了亲缘和业缘第一次分开的局面。WXY 的大伯几年前去世了，他的大妈也承包了大棚，WXY 叫大妈去棚里干活，会按照 50 元/天的标准支付报酬。WXY 的大妈说：“现在是金钱社会，棚里都不会平白无故的帮忙”。而大妈家盖房子上楼板，WXY 以侄子的身份去帮忙，是尽义务不提钱。WXY 的电话联系对象有批发商、农资商店主、朋友和家人，每逢节假日会主动给客户发送温馨祝福短信以拉近彼此的距离。2011 年过年时他专程去了姨家、姑家和舅家拜年，2012 年只去了老丈人家，因为过年正是棚里最忙的时候，传统上必不可少的礼节现在也省去了，村落的风俗习惯在悄然改变。WXY 家的大棚需要翻地时，会舍近求远打电话联系 G 村的翻地工，不找本村人的原因是碍于情面不好讲价，表现出市场经济的理性考虑。为了进一步了解村民交往观念及其行为的变化，我们在调查中对比设计了生活与生产中遇到困难怎么解决的问题。

生活中遇到困难，大部分村民还是“靠自己解决（49.3%）”，找“亲戚或邻居帮忙”的比例为 36.3%，找“朋友或同学”的占 8%，找“乡村干部、出钱雇人和本村前辈”的人所占比例很少，总共不到总数的 6%（表 6-8）。数据显示，在生活领域，以“己”为中心的亲疏远近关系清晰可见，“自己人”与“外人”的圈子意识依然根深蒂固。

表 6-8　生活中遇到困难怎么解决

		频率	百分比	有效百分比	累计百分比
有效性	本村的长辈	2	0.7	0.7	0.7
	主要靠自己解决	148	49.3	49.3	50.0
	乡村领导干部	9	3.0	3.0	53.0
	亲戚或邻居帮忙	109	36.3	36.3	89.3
	找朋友或同学	24	8.0	8.0	97.3

（续）

	频率	百分比	有效百分比	累计百分比
出钱雇人工作	5	1.7	1.7	99.0
其他	3	1.0	1.0	100.0
总计	300	100.0	100.0	

对于生产中遇到的技术困难，69.7%的村民会找“有知识、有技术的专业人士帮忙”，18%的人主要“靠自己解决”，通过“亲戚或邻居帮忙”和“找朋友或同学”的人数相近，分别占到4.3%和3.3%，而找“长辈或乡村干部”的人数极少（表6-9）。可见，在生产领域，对于灭虫和施肥已经不能仅靠经验与习惯而是知识，生产者不得不求助具有业缘关系的技术员，倾向于选择“陌生人”。

表6-9　生产中技术困难找谁帮忙

		频率	百分比	有效百分比	累计百分比
有效性	本村的长辈	3	1.0	1.0	1.0
	主要靠自己解决	54	18.0	18.0	19.0
	乡村领导干部	8	2.7	2.7	21.7
	亲戚或邻居帮忙	13	4.3	4.3	26.0
	找朋友或同学	10	3.3	3.3	29.3
	有知识、有技术的人	209	69.7	69.7	99.0
	其他	3	1.0	1.0	100.0
	总计	300	100.0	100.0	

如果生产中劳力不足，78.7%的村民会“出钱雇人工作”，12.3%的“靠自己解决”，7%的人会“请亲戚和邻居帮忙”，找“朋友或同学帮忙”的仅占2%（表6-10）。“村民之间的生产交换都是通过货币形式完成的。当货币作为交换的媒介时，就意味着村民在生产交换中所付出的物品或劳动有了价格，即可以像商品的价值那样定量地来判定。因此，在性质上，村庄内部的生产交换便是市场交换，村民们交换的是商品，而不是义务或礼物”①。基于传统乡土社会关系网络的“换工”逐渐式微，丧失了其存在的社会基础。

① ［美］阎云翔．2000．礼物的流动［M］．李放春，刘瑜，译．上海：上海人民出版社：12-13．

表 6-10 生产中劳力不足怎么解决

		频率	百分比	有效百分比	累计百分比
有效性	主要靠自己解决	37	12.3	12.3	12.3
	亲戚或邻居帮忙	21	7.0	7.0	19.3
	找朋友或同学	6	2.0	2.0	21.3
	出钱雇人工作	236	78.7	78.7	100.0
	总计	300	100.0	100.0	

如果生产中资金不足，45.7%的人会找“亲戚或邻居帮忙”，42%的人“想办法自己解决”，找“朋友或同学帮忙”的占 9.3%，找“乡村干部解决”的几乎没有（表 6-11）。面对借贷这种需要极高信任基础的困难，村民首选的依然是具有血缘或地缘关系的人。究其原因有二：一是别的借贷途径存在高利贷的风险；二是请求别人给你借钱，就等于承认自己入不敷出，把自己的经营状况暴露给陌生人，基于“家丑不可外扬”的考虑，选择向自己人求助；三是曾经掌握乡村事务管理权和农民命运的乡村干部面临的尴尬地位，村民无论是在生活还是生产中遇到困难，都没有考虑找干部解决。多年的行政权力滥用给农民造成的刻板印象是，基层政府是资源的“吸取者”，而不是“供给者”。这样看来，新时期政府职能从管理到服务的转变还需要进一步完善。

表 6-11 生产中资金不足怎么解决

		频率	百分比	有效百分比	累计百分比
有效性	主要靠自己解决	126	42.0	42.0	42.0
	乡村领导干部	2	0.7	0.7	42.7
	亲戚或邻居帮忙	137	45.7	45.7	88.3
	找朋友或同学	28	9.3	9.3	97.7
	其他	7	2.3	2.3	100.0
	总计	300	100.0	100.0	

费孝通在《乡土中国　生育制度》中指出：“中国乡土社会是典型的‘差序格局’的结构，村落中的社会关系网络遵循差序格局，即像水纹一样由近及远，由强到弱”[①]。上述四组调查数据显示：以现代文明为依托的公共服

① 费孝通.2005. 乡土中国　生育制度［M］. 北京：北京大学出版社：27.

务——合作组织、信贷等的发展，日益促使农村社会按照现代规则来运转；注重血缘、地缘关系的“差序格局”已经退缩到日常生活领域，而在职业生活领域看重的则是业缘关系。今后极有可能的发展趋势是：村民日常生活中的相互交往也受利益的支配以至全面改造原有的关系亲疏格局，最终的结果是——理性全面进入农民的生活。

其次，交往意义的变化。传统社会时村庄受到强烈的控制而具有同质性，共同的法则规定了亲属和邻里间的相互责任和义务，诸如在生育、结婚、建房、丧事等重大事件中的互助共济。这种相互的责任和义务观念，保证了家庭与亲属团体和邻里间的紧密合作，以及相互的忠诚和团结。如今市场经济的发展大大增加了社区的异质性，虽然传统的亲属关系和邻里关系仍在持续，但它已不再是一种责任。交往的建立和巩固表现为社会成员之间彼此互动的方式和内容，其意义由最初的松散、低成本转向有目的、有计划的追求最大化利益。对此，学界的研究成果已达成一个共识：当前乡村社会关系渐趋功利化和理性化。徐晓军曾做过较好的总结分析，他指出，随着改革开放的推进，市场经济体制的确立，利益导向机制的确立，乡村社会中人与人之间的关系由于利益的介入，变得愈来愈理性化了[①]。徐勇、邓大才也指出，被高度社会化、将货币收入最大化作为行为与动机的社会化小农，已毫不犹豫地将利益作为了自己社会关系行动的主要标准[②]。

在西村，随着标准化、专业化、产业化程度的不断提高，村民在资金、技术、劳务上的需求日趋多元化，当互惠互利的交换已经不能满足上述需求时，市场交换开始在村落中显现。从这个意义上讲，现代农业给人们的交往建构了新的方式、标准和意义，社会交往不仅仅表现为情感交流，也可以是理性或工具性的[③]。村民 WLL 说：“我包了 4 个大棚，2 儿一女都结婚了且在外地安家，就我和老伴儿两人务农。栽苗、覆农膜或是一些季节活，如抹花，最好半天内完成，尽量不要超过 1 天，这样坐果时间才能保持一致。忙不过来时就需要叫人帮忙，每天 50 元。现在都不欠人情，你 1 棚我 1 棚，相互帮忙不要钱；你 1 棚我 2 棚，我得给你 1 棚的钱。这还不算，天气热时熟人来帮忙，还要将西瓜、饮料供上”。由此可见，目前乡村中的雇佣关系和契约行为已普遍存在。

① 徐晓军．2009．内核—外围：传统乡土社会关系结构的变动——以鄂东乡村艾滋病人社会关系重构为例 [J]．社会学研究（1）．

② 徐勇，邓大才．2006．社会化小农：解释当今农户的一种视角 [J]．学术月刊（7）．

③ 李霖．2008．农民工在村落变迁中的作用研究 [D]．杨凌：西北农林科技大学．

美国心理学家费斯克认为：人际关系主要有四种模式，①共享，由团体成员共享情感与资源。②权威排序，依据年龄、阶层、地位等形成不对等的顺从关系。③对等互惠，强调对等回报与交易的平衡。④市场定价，双方基于理性，考虑成本与收益的比率，往往存在于商业关系[①]。传统社会的人际关系主要属于第一和第二种模式，现代社会主要属于第三和第四种模式。西村正处于传统向现代的过渡时期，正是在这样的背景下，村民对生活中的一些公共事件或私人事情越来越倾向于花钱图省事，以“经济报酬”的形式提供生产生活的市场化服务。80年代，村中凡是有人家盖房，亲戚朋友和邻居都会主动前来帮工，主家只需要管饭即可。90年代以来，盖房时全部请人，每天按工钱计算。长期从事基建的LSW说，“现在是经济社会，在市里上厕所都要1块钱，情来回还、还不清。2009年时，村中一位老人去世，打墓都是花钱雇人来干”。在婚丧嫁娶这样的大事上，以前是全村男女老少都来帮忙，挨家挨户借碗筷和桌椅板凳，现在则是由邻村的服务队来完成，双方说好价钱后，主家一并把工资报酬结算给服务队的负责人，负责人再根据每人的工作分工发工资，一般厨房掌勺的师傅称之为“大工”，男性一天120元，妇女70元，其他端碗倒水的打杂人员一天40元，另外给每人发一条毛巾和一袋洗衣粉。以前老人去世，类似打墓这样庄重的事晚辈必须亲力亲为，现在也雇人来做，没有人说闲话，也没有人认为这么做有什么不妥。经济活动的增多使得社会成员间的关系发生变化，一切都自然而然地发生了。

（二）农业合作社的嵌入

农民合作组织是市场经济的产物，是处于市场竞争不利地位的弱小生产者按照平等原则在自愿互助的基础上组织起来，通过共同经营实现自身经济利益或经济地位的组织。按照成立的推动力，农民合作组织分为三种类型：一是自办型，农民或其他民间团体在发展专业化生产中自发创办的合作组织；二是官办型，指在政府直接发动、政府（人员）直接投资入股、直接控制下创办的农民合作组织，合作社的决策层基本被政府所控制；三是官民合办型，是在政府的组织引导下农民社员和政府有关部门共同参加组建的合作组织，合作组织的决策层由政府官员和农民共同组成。它与官办型农民合作组织最大的区别是农

---

① 杨建华．2006．经验中国：以浙江七村为个案　第三编：村落的技术［M］．北京：社会科学文献出版社：59．

民享有对合作社的一定控制权①。

2009年，W镇在大棚建设初始就成立了14个合作社，西村注册成立了紫荆花和绿百合2个农民果蔬专业合作社，其性质偏向于官民合办型，但它又有自己的特点。合作社最初是在政府的组织引导下成立的，社长大都由承包大棚最多的村民担任，虽然是在社员大会上通过的，但也只是象征性地询问一下大家是否有异议，并没有严格经过社员投票选举的议程。新成立的合作社职责主要有三项：组织科技培训、农资指导、产前产中产后服务。但在随后的发展中，合作社的作用遭到农户们的质疑。调查显示，村民对于合作社的评价褒贬不一，85.3%的被调查者认为“合作社是空架子，不起作用”，只有10%的人认为“合作社能起一点作用，能通知政府的优惠政策信息”，0.3%的“认为合作社不错，作用较大”，还有4%的人“没有参加合作社，不了解其作用”（表6-12）。

表6-12　评价合作社

		频率	百分比	有效百分比	累计百分比
有效性	没有参加合作社，不了解其作用	12	4.0	4.0	4.0
	合作社是空架子，不起作用	256	85.3	85.3	89.3
	合作社能起一点作用	30	10.0	10.0	99.3
	合作社不错，作用较大	1	0.4	0.4	99.7
	其他	1	0.3	0.3	100.0
	总计	300	100.0	100.0	

经过深入访谈和广泛了解，我们总结出西村合作社没有发展起来的原因：第一，行政色彩较浓且资金不足。西村的合作社是政府扶持起来的，换句话说，就是先有合作社后发展产业，政府的规划走在了市场发育之前，但专业化生产并没有带来专业合作组织的发展，主要做法依然是“组织农民”而不是真正意义上的“农民组织”。成立之初，政府承诺给每个社员补贴2 000元，但是至今这个款项一直没有到位，无法支持合作社的正常运行。由此也反映出，目前农村相当数量的专业合作社发展是靠政府补贴或项目扶持来运转。第二，在新事物的起步阶段，往往需要有魄力的乡村精英。具有合作精神的企业家才是合作社的必要条件，而西村合作社选举社长是根据承包大棚的多少为标准而

① 苑鹏.2001.中国农村市场化进程中的农民合作组织研究［J］.中国社会科学（6）.

不是根据能力。绿百合合作社的社长 SQK，虽然有心想为大伙儿办些实事，但是，实际上能够发挥的作用非常有限，只是在科技进入初期，政府要求每个合作社自行联系教授培训科技时，他凭借自己的关系，联系到了专家教授来讲课，除此之外，绝大多数时间在忙自家的事。他本人承包了 4 个 50 米的中棚种植番茄，还有一个 60 米的棚种的是油桃，同时兼任代办，手头有 3 个客商，并且他还监管机井，根本没有时间与精力承担社长的职责。2010 年 2 月，农历正月十五以前，番茄价钱跌至 2 毛钱/斤，这时，村民的眼光与舆论投向了他，他感到了莫名的压力，“既然在这个位置上，就得好好干”。怎么干？首先需要建立一个规范的、可操作的制度；其次具备经营管理的能力。第三，农户对合作社缺乏信任。“信任”作为重要的生产资源，是合作社存在的基石。对于合作社的创建，村民的第一反应往往是猜忌、怀疑，“谁将控制合作社并从中获益”？按照马克思的说法，个体小农就像一个个装在麻袋里的马铃薯，各自独立，而且由“未知”导致的高风险使得农民很少借助合作社这样一种制度关系来开展一定的合作。从理论上来说，合作社对于“原子化”的小农对抗来自市场的风险、不法组织的侵害等都会起到很大的积极作用，将会达到一个多方共赢、利益共享的结局。但是，从现实情况来看，本地组织起来的合作社也与国内其他省份一样，大多没有跳出“善分不善合”的怪圈。大棚建立之初，需要购买钢筋搭建骨架，本来合作社计划集体购买可以将价格压下来，但在实施中社员的意见不统一，有的想买直径 13 毫米的，有的图省钱要买 9 毫米的，最终不欢而散，大家还是各自为政、单打独斗。据调查，目前的农产品销售中“以家庭为单位，自种自销”的比例占到被调查者总数的 91.3%，“农业产地专业批发市场”在销售中发挥 7%的作用，“农民专业合作组织”和“农业信息网”的作用只能用微乎其微来形容（表 6－13）。

表 6－13　农产品销售方式

		频率	百分比	有效百分比	累计百分比
有效性	以家庭为单位，自种自销	274	91.3	91.3	91.3
	农民专业合作组织	4	1.3	1.3	92.7
	农业产地专业批发市场	21	7.0	7.0	99.7
	农业信息网	1	0.3	0.3	100.0
	总计	300	100.0	100.0	

乡村社会学家罗吉斯认为："合作社在农民中，而不在其他职业中发展起来，是因为合作社适应农业的条件，为农民提供了一个经济组织范式。单独的农民在市场上力量很微弱，但组织成合作社以后便可与其他力量相抗衡"[①]。特别是当农业的性质由维持生计转到商品生产时，将会越来越依赖外界的作用力，专业合作组织的重要性将会显现出来。但在设施农业起步不久的西村，要在弱势产业中实现弱势群体之间的合作还需要假以时日。另一方面，在急剧变迁的农业面前，合作社自身在结构、职能、规模、运作模式等方面也需要随之发生变化。首先是合作社的整合。YL 地区现有 121 个合作社，平均每个合作社仅有 20 多户，规模小带来的相应问题就是力量小及实力弱，况且早期的合作社都是在邻里或是村组的基础上建立起来的，有的只是挂个牌徒有其名，有的甚至成为束缚的阻力。随着交通条件的改善以及出于经济效益的考虑，合作社的数量将会减少但规模扩大，即社区级的合作社发展成为跨地区，或是成为省级的分支机构。其次，合作社的组织结构与有效运行渐趋专业、规范和制度化。不仅实现同类农产品生产者之间的联合，更主要的是生产与销售的联合，生产者与技术服务者的联合，只有这样才能体现资源的异质性互补，以实现潜在的合作收益。

（三）市场的发育

谈到大棚蔬菜，我们不禁联想到设施大棚的发源地——山东寿光。目前，寿光蔬菜以国内外市场为导向，以提高经济效益为中心，对农业各支柱产业和产品，实行区域化布局、专业化生产、一体化经营、社会化服务、企业化管理，形成了市场牵龙头、龙头带基地、基地连农户、集种养加、产供销、贸工农、农科教为一体的"一条龙"经营机制，形成了"买全国蔬菜、卖全国蔬菜"的格局，甚至把销售的触角伸到了美国、委内瑞拉、圭亚那等国际市场。

西村在设施农业的道路上刚走过了 4 个年头。2009 年初是大棚投入生产的第一年，市场还远没有进入持续、良性的运转阶段，2009 年 11 月至 2010 年 5 月是产品销售的黄金期，YL 区外甚至是省外的客户都开着大货车来收购，极少部分是自销。但是，6—10 月，新鲜蔬菜、瓜果大量上市，外地客户

① ［美］埃弗里特·M. 罗吉斯 . 1988. 乡村社会变迁［M］. 王晓毅，王地宁，译 . 杭州：浙江人民出版社：58.

反而很少光顾了，农产品销售主要靠自销，随之就出现了“卖菜难”、“菜贱伤农”，甚至出现村民拉着西红柿围堵镇政府大门的现象。调查中，高达73.4%的农户认为“现在属于买方市场，竞争激烈，讨价还价的能力低，所以压力很大”，说明波动较大且极不稳定的市场行情，直接影响到了农民的收入。同时也反映出本地的加工链条短缺，大量果蔬产品很少进入工厂进行深加工，进而转化为果汁、果酒、酱菜等保质期较长的成品。为了解决销售问题，当地政府多次召集蔬菜批发商协商，并给农户种植的番茄每斤补贴0.8元，想方设法使损失降到最低。另外，政府早早联手陕北靖边一位投资者花费过亿元在距离村庄不远的地方，建立了一个占地320亩的JY蔬菜批发市场，雄心勃勃地欲打造“东有寿光、西有JY”的品牌效应，并且举办了声势浩大的开张仪式，但是，市场容量呈饱和状态，进市场需要花销摊位费、管理费、路费等，客商不愿去，农户更不愿去，双方通过代办就将问题解决了。货源、人脉、地理位置等“天时、地利、人和”都不占，不可避免地出现了“门前冷落鞍马稀”的惨淡境况。我们认为，这是一种情急之下的政府行为而不属于市场调节。在推行设施农业的起步阶段，政府确实起到了很大的助推作用，但是，一旦发展到了中后期，政府应视情况逐步选择退出，转向提供公共服务。要想让这个被保护长大的“孩童”持续、健康地成长，就必须让其学会独立行走，在市场经济中摸爬滚打。

经过第一年的试水和进一步的科技培训，农户们进入市场的能力逐渐提高。第一，他们根据专家的建议和自己的理性计算，合理安排秋延茬和越冬茬以错过低价期获得好的收益，在关键的品种选择上，多问多看敢于尝试。种子经销商老张介绍说，“当地人偏爱选择抗病能力强的品种，我总结的原因有三个，一是设施农业刚起步，农户种植经验还比较欠缺。二是资金不足，不能抵抗毁灭性打击和风险。三是品种的选择至关重要，如果万一有个闪失，不仅耽误一个茬口，而且直接影响农户的收益”。技术员WQL属于市场意识超前的农户，敢于购买价钱贵但是品质好的种子，他认为只有品种好，生产出高质量的农产品，才能在市场上站稳脚跟，赢得长远发展的空间。第二，实践中摸索销售经验。村民WHS和妻子共同经营一个长达120米的大棚，主要种植番茄。他从2009年12月第一次收获开始，将每次出售的价格记录在册，在一年种植周期结束后总结价格波动规律，以便新的一年里重新安排茬口，尽量避开低价期。我们认为，生产环节面临的技术方面的问题将会随着时间的推移，农民经验的累积而走上成熟；加工环节面临的问题只要有资金的注入也将会得以消解；而真正成为核心问题的则是销售环节，如何将农民生产出来的产品卖出去？如果一个地区的农业生产可以从外部获得资源，产品也可以突破本地消费的限制而行销外地，那么其生产规模的扩大与农民收益的增加就会有广阔的天地。

凭借交通设施、通讯设备的优势与种植大棚的规模进一步扩大，以及当地政府通过电视、政府网、农业信息网等新闻媒体的广泛宣传，帮助农户拓宽市场，极大地改善了招商环境。到了第二年，批发商明显增多。西村的大棚蔬菜已经开始远销甘肃、山西、四川等外省，周边的县市如宝鸡、西安、汉中、眉县、周至、兴平、临潼、扶风等是西村大棚蔬菜的主要销售地。绿百合专业合作社通过与超市建立销售关系，生产的蔬菜更是直接进入超市摆上市民餐桌，实现了“农超对接”。在销售环节，如果处于自给自足的经济体系中，农业生产的目的仅是糊口，所以，只有生产是重要的，销售无足轻重。只有当产品出现剩余时，农民才会拿到集市上出售。如果说第一年农户还需要电话联系客商的话，现在，每当新鲜产品上市时，购货的批发商沿着产业大道直接来到家门口收购。但无论销售渠道多么畅通，村民们普遍认识到，好的质量才是最为重要的。从更为宏观的社会背景看，村落已经不是简单的作为农业产品剩余的输出单位，而是整个社会大分工体系当中独立的生产单位，并且这种生产突破了城乡商品流通的等级体制，从根本上改变了农村社会在城乡二元分工结构中的地位。在向城市社会提供大量农产品的同时，也从城市社会获得了大量收入[①]，销售网络逐渐向着更大的市场扩散。可以说，市场的渗透成为乡村社会经济变迁的最重要因素。

在利益到来的同时，必然伴随着风险。传统农业社会中的农民是沿着父辈的经验和自我对农作物的“感觉”前行，哪里有障碍、危险与坎坷都是熟悉的。现代社会中农民选择一项新技术的同时，就等于选定了市场，它可能会带来农产品的流动及丰厚的收益，也可能将农民卷入一个充满风险的路途，最终的结果难以预料并令人焦虑不安[②]。调查中，我们设计了“从事设施农业有没有风险”的问题（表 6－14），调查数据显示，69.3％的被调查者认为农业生产的市场风险“比较大”和“非常大”，只有 11％的人认为市场风险“比较小”和

① 刘玉照．2002．村落共同体、基层市场共同体与基层生产共同体——中国乡村社会结构及其变迁［J］．社会科学战线（5）．

② ［法］孟德拉斯．2005．农民的终结［M］．李培林，译．北京：社会科学文献出版社：136．

"非常小"。村民感慨"过日子就是过运气"。基于此，村民必须接受相关训练和获得信息以懂得和领悟现代经济的基本运行机制，能够随行就市并做出预测。如果合作社起到的作用有限，农民有合作需求但没有合作能力的情况下，低成本的乡村代办出现了。代办都是客商在本地扶持的与村民之间有着"熟人"般信任关系的人，他们按照客户的要求将货源组织好，形成了散户——代办——客户的销售模式。WXY的父亲是西村的代办，与村里的农户建立起了固定的收购关系，谁家的棚早熟、晚熟、好坏，角角落落他都很清楚。他说："当初客商来我家收柿子，提到柿子不好收，因为不是本地人，路不熟，人也不熟，所以我便介绍货源给他们，慢慢地就干起了代办。现在手中有3个客商，1个定点收的，两个散客。主要负责的范围有X村、D村、W村等，大概有300～400个大棚。小客商1～2天来一次，一次收300斤，大客商每天都收，2～3天收一车（2万斤）"。

表6-14　农业生产的市场风险

		频率	百分比	有效百分比	累计百分比
有效性	非常大	88	29.3	29.3	29.3
	比较大	120	40.0	40.0	69.3
	一般	59	19.7	19.7	89.0
	比较小	30	10.0	10.0	99.0
	非常小	3	1.0	1.0	100.0
	总计	300	100.0	100.0	

具体的操作程序是：每天凌晨3—4点赶到收菜点，农户当天将采摘好的蔬菜装到筐中，平均一筐40斤，盛果期一个棚可以收40多筐。代办用车把装好的筐拉到指定的集中地点，农户自己从车上把筐卸下，然后过秤，由客商登记付钱，农户再把一筐筐番茄倒在一起，由代办找来的可靠的外村妇女负责装箱，大小、色泽、质量等大体保持一致。为什么找外村人装箱？原因在于害怕本村人相互之间袒护。他说只有保证了品质，客商才能一直来，才会有市场。从这里可看到WXY的父亲已具有市场意识和品牌意识。代办的好处是每斤收3分钱手续费，如果还要负责装箱、叫车、装车和租用场地，可以加到7分钱/斤。但是，WXY的父亲说，"租用场地的主人爱唠叨，并且还要请客商吃饭，有时在家里为他们做饭，老伴儿有意见，所以，打算这次定点收购做完就

不做了，今后只联系货源”。最后剩下的一些散番茄，WXY 会去北线的 X 镇（距离西村 10 多公里）转村子零卖，家里的三轮车就是为这个准备的。零卖可以多挣点钱，2011 年夏天，客商给的价钱是 5 角/斤，零卖可达到 8～9 角/斤，但是零卖起早贪黑太辛苦，运气不好还会被城管逮住罚款，还不如在家门口等着客商来收。总体来看，一是农户现在的销售还是原子化的各顾各。因为种植、销售没有遇到太大的问题，农户们普遍认为不要合作社也可以。二是村民改变了以往那种在集市上直接向消费者出售产品的做法，而是在大棚边就将产品卖给了代理人，后者再把收购来的分散农产品集中起来，投入市场从事远距离的地区间贸易。从这个角度看来，村民只是间接地与中心市场发生了联系，主要还是为了个人家庭而生产与销售，所以，不能称之为完全意义上的商品生产者。

代办的另一个功能是可以给分散闭塞的农户释放市场信号，他们的市场信号来自客商、网络等多种途径，哪个地区缺什么品种的果蔬、今天的市场价格是多少？一个电话就清楚地掌握了方圆几百公里内的市场行情。YL 种植的品种相对单一，绝大多数是番茄和黄瓜。西村 2012 年来的客商较多，有的客商咨询有没有西瓜或其他品种的蔬菜？根据代办释放的市场信号，村支书通过镇政府与高校联系得到学校农业科技推广的一个项目支持，由村支书、村主任等 7 个人合伙，承包了 50 亩地，种植西瓜并打出了“西村一品”的品牌。刚开始，农户们对大棚种植瓜果一点都不懂，感觉无从下手，该项目的负责人张老师不仅提供了西瓜种子，还从最初的定植、整蔓、授粉、冲肥开始，手把手地进行培训，直至村民完全掌握种植技术。如今，WQL 的棚是番茄和西瓜两茬倒，2011 年一年卖了 14 万元。借助自己的社会关系，WQL 将西瓜全部装成礼品箱，一棚西瓜平均装 700 箱，一个箱子装 3 个西瓜，外有醒目商标，内附产地、合作社等信息，仅三个棚的西瓜就卖了 9 万元。

土生土长在村落场域中的代办角色很微妙，从“情”的角度讲，应该向着农户，从“利”的角度讲，应该向着客商，“他是来给我送钱的”。65 岁的 RKA 选择的是 52%向着客商，48%向着农户。他手里代理的棚，平时都互相照应，有事互相通知，互相操心，因为地头熟加之信誉好，农户有时卖掉菜后，他若不能及时付钱，就先记下，随后结账，村民也都没有怨言。若遇上收购万斤以上的大客商，不同片区的代办人会联合起来，从各自负责的区域内联系货源并汇总装箱，合作大大超出了传统村落的范围，优质高效的工作吸引着批发商源源不断地来到西村。如果销售商因为某家大棚生产的果蔬品质较差而拒绝收购的话，WXY 的父亲就充当起“保护型经纪人”的角色，如不搭配收购将全不出售，最大限度地保障“熟人社会”的利益。相反，有的代办完全抛弃乡土情谊，纯粹为了个人牟利的话，村落的规范这时就会发挥制裁作用。番茄的价格一般都在 0.8～1 元/斤之间浮动，但在 2011 年 5 月 26 日这天，出现了最低价格 0.78 元/斤。其实番茄的价钱没有这么低，因为 WXH 作为代办人，抛开人情与亲情，对客商承诺“如果每斤给我提成 3.5 分钱，可以每斤 0.78 元的价钱为客商找到货源”。所以，这天番茄的价钱一下子跌了下来。当天晚上 WXH 的中棚覆膜全部被人用刀子划破，而且西瓜也遭毁坏。村里的人议论纷纷，对做事的人大家心知肚明，但是没有人说出来，WXH 显然已被排斥到社区场域之外。

经过 4 年的发展，西村已经形成一个供应大棚蔬菜的生产基地。从市场

结构看，传统的基层市场日渐萧条，农产品正在冲出地区空间的界限，逐步纳入现代商品经济的流通轨道；从市场性质看，由“熟人市场”转化为“陌生人市场”，基于亲友、乡邻的交易对象被组织化的社会关系所取代，村民面临一个更加充满不确定因素的风险市场；从市场融合看，市场界限逐渐变得模糊，各地区间互通有无、取长补短，地方市场正在融为一体。西村的经验表明，在中国农村社会长期的发展过程中，村落孕育了农业、家庭手工业等多种产业。但是总体来讲，农业虽然经历了从传统到现代的转型，却从来没有从空间上离开过村落与土地。但从西村的变迁来看，以现代农业和全球化为背景，以市场化与城市化为动力，以劳动分工、生产关系、阶层分化为机制，带动了现代村落社会的建立与发展，农业也跳出了传统村落的圈子与土地的束缚。基于此，我们认为，适时创立大范围的现代农业，完善并强化国内大农业市场，从而实现以内需为主体的中国农村社会经济体系已为时不远。

（四）村落社会结构的变化

1. 村落边界的开放

十多年前，社会学家李培林在《村落的终结：羊城村的故事》一书中指出，一个完整的村落共同体应该有五种边界：社会边界，基于血缘、地缘关系的社会关系圈子；文化边界，基于共同价值体系的心理和社会认同；经济边界，基于经济活动和财产权利的网络和疆域；自然边界，基于土地属权的地域范围；行政边界，基于权力自治或国家权力下乡的管理体系。他将中国的村落研究和“农民的终结”结合起来，提出了“村落的终结”，并构建了一个“村落终结”的基本模型，即沿着经济边界→自然边界→行政边界→文化边界→生活边界这样的顺序完成终结过程[①]。

目前在西村，经济边界伴随着现代农业科学技术的进入趋于流变，首先，“人”的活动半径扩大了，而且通过科技成功地实现了向上流动：技术员→初级农技师→高级农技师→向外输出。RRQ、MMY、LYF 等数名技术员，多次被邀请到周至、兴平、甘肃、宁夏、内蒙古等地指导大棚生产。邻村的 XZH 被江苏的华西村以 12 万年薪聘为技术员，专门负责当地的观光农业。村民的经济活动彰显出行为方式与生活图景的变化，斯科特笔下保守、

① 李培林．2004．村落的终结：羊城村的故事［M］．北京：商务印书馆：39.

内敛、“安全第一”的小农向有文化、懂技术、善经营、会管理、敢创新的新型职业农民转变。其次，“产品”的流通半径也扩大了，以前局限于步行往返一天的路程，产品的流通半径不会超过方圆25平方公里。如今，逐渐形成了基层市场→中心市场→国内市场的蔓延格局，其触角大有向国际市场进军的趋势。第三，致使村落经济边界的开放，还有一个非常重要的原因就是，YL当地每年一届的国家农业高新技术博览会的举办，它有力地促进了科技交流与商贸合作，架起了农民与高新（实用）技术、农产品与市场间的桥梁。迄今为止已经成功举办了19届的农高会，使得农民在科技、信息、知识和商品四大方面获益匪浅。更为重要的是，农高会潜移默化地使农民接受了19年农业科技知识的“教育培训”，为2008年以来现代设施农业的顺利推行打下了非常坚实的科技基础。第四，经济分化带来社会阶层的分化。以前，村落的社会结构形象地描述是一种金字塔形，现在，由于设施农业的发展而导致财富重新分配，底层比例缩小，中间阶层壮大，阶层分化呈现橄榄形。①处于塔尖的富裕农户占总户数的20%，一般固定资产多达千万，存款都在50万元以上，他们大多从事建筑包工行业，早已在城镇买房定居，游离于村庄之外，与农业几乎没有什么牵连。但是，关中农村的乡土观念比较强，这一阶层一般还会通过留村的亲友与村庄保持联系。②绝大多数农民从蔬菜瓜果种植及乡村市场化发展中受益，形成了占主体地位的农村中间阶层（60%），人均年收入在1万元以上，属于小康行列。他们关心村庄发展，全方位地参与社区活动，努力维系着日常人情往来。很大程度上来讲，中间阶层将会成为中国农村社会发展的主要力量。③还有15%的农户人均年收入在5 000～6 000元，处于中下阶层，他们因为各种原因没有承包大棚而丧失更好的发展机会。④最后的5%几乎没有收入，还在吃低保，处于村落中的下层。主要原因是家庭人口组合不好，要么孩子多且身体不好，要么家中有常年卧床的老人，要么办事没有计划，做生意赔了。总体而言，设施农业及其带动的乡村市场对农民的阶层分化有着巨大的影响，这种流变的社会机制更加促使一个开放的社会结构和社会关系的出现。一是使村民的生活预期发生了变化，切身感受到了只要自己努力就有改变现实的可能。而且，他们更乐意让子女接受更多更好的教育，以便将来找到更理想的工作机会。WXY有两个孩子，儿子5岁半上二年级，WXY认为自己上学晚，所以想让儿子早点上学，村里很多人都有这种想法。大女儿在YL中学读高一，平日在学校住宿，每逢周末回家，她的英语和物理一直不好，WXY想给大女儿找个家教并托调查员帮忙介绍。他在报纸上看到有网校，也寻思给女儿报名，让她在网上学习。女儿暑期放假会主动到棚里帮忙，但 WXY 和妻子不希望孩子来，想让孩子利用时间好好学习。二是村中社会地位的评价标准发生了改变。过去，村民之间攀比的是谁家房子盖的好，谁家的玉米架子多，谁家有几个人在外工作，谁家的红白事办得风光；现在讲究的是谁家在城里买了房，谁家的粮食少，谁家的孩子学历高、谁家挣的钱多，谁家大棚经营得好。可以看出，评价标准由外在的“面子”逐渐转化为内在的知识能力和生产性投资，既然衡量的标准发生了变化，生活的重心与方向必然随之改变。

社会学意义上的共同体主要指自然地、地域性、小型的、成员彼此熟悉、日常互动频繁、相互帮助的、有某种共同生活方式的团体——这些条件支持着作为组织、范围内的、实体（都经常与地方和区域相连）内的成员相互依赖的、感情的纽带[①]。村落作为一个生产与生活的共同体，有一定的区域界限，该界限的外沿是根据政治、经济、文化等各种因素对周边地区的影响自然而然形成的，是通婚圈、交往圈、交易圈、社区公共活动圈的重叠，村民的交往空间范围既狭小又缺乏流动性，这一现实决定了乡村社会中村落公共空间交往场所的固定性以及交往内容的单一性，村民的生活面向与期望是指向村落内部的。随着与外部经济社会联系的日益加强，大众传媒的广泛渗入，交通与通讯条件的改善，人流物流的频繁往来，村落传统上自成一体的自然边界向外敞开了，开始建立起与外部更大社会之间的联系。“熟人”不再熟悉。村中外出的打工者、婚姻流动的外嫁女、在外地就业的大学生、举家迁移定居城市的先富者、做生意的个体工商户，虽然会通过村内的亲友保持联系，逢年过节也会回来看看，但已悄然变为村中的“过客”，日渐远离村落的日常生活。“陌生人”不再陌生，曾经固定的“圈子”因业缘关系而呈现流动状态。经纪人、农资商、技术专家、农业雇工、卖保险的、推销员、服务队等，日渐成为村中的“常客”，甚至朋友。每天南来北往的运输车、一年四季瓜果飘香的繁忙景象构成了村中一道别致的风景线。

行政边界在城乡一体化的进程中渐次开放，示范区先是将原来的 5 个乡镇、1 个街办改为 3 镇 2 办，西村所属的 W 镇作为陕西省 30 个重点建设镇之一，省上的优惠政策是划拨 1 000 亩地作为增减挂钩指标，每年 1 000 万的专项

① 毛丹 . 2010. 村落共同体的当代命运：四个观察维度 [J]. 社会学研究（1）.

建设资金，各厅局以捆绑项目的方式划拨资金，优先资助示范镇。目前，W镇正在紧锣密鼓地建造村民集中居住的社区，一期工程主要面对本镇各村已达到结婚年龄的青年男性，若登记结婚，将不再另划庄基地，直接到社区买房居住。每套110平方米的商品房，成本造价应为1 100元/平方米，优惠以550元/平方米的价格卖给农民，不足部分由政府补贴。目前一期工程的11幢楼房已经建成竣工，二期与三期的小高层建筑2012年也初具规模，社区医院、幼儿园、中小学、中心活动广场等公共配套设施也在建设之中，规划用五年的时间将全镇2.3万人全部搬迁至此。问及已完工的11幢楼房的点房原则，负责人回答说，下辖的19个行政村不再以村为单位划片集中居住，而是按照预交房款的先后顺序点房。至此，农民将从平面建筑的宅院搬进立体结构的单元楼，村与村之间的地域性标志界限将彻底消失；"社区"和"居委会"的概念进入视野，属地化管理逐渐向社区化管理转变，农民向市民转变；生产场所与居住场所实现分离，农民的生产方式与生活方式将伴随着"上楼"而发生彻底的变化。对于逝去的人，也要面对一个问题——迁坟，传统意义上的葬礼讲究"入土为安"，村民将逝者安葬于自家的田间地头，每逢除夕、清明、寒食等祭日会在坟头供奉物品以追忆。如今，政府规划集中安葬，按照每人1 500元的标准发放安葬补助费，在先行搬迁的车流中赫然可见移动的"棺材"。自然边界和行政边界将变得越来越模糊，村民的心理认同感越来越弱，乡土观念越来越淡薄。

文化边界在传统农业生产渐行渐远之后，它的内聚力和认同感也就丧失了载体，最突出的莫过于集市和庙宇了。在西村，每年农历4月13—15日的"集市"依然是村民嘴边经常提及的大事。到了这天，周边村民也都乘兴而来，走亲访友、交流信息、物资交易，杂耍算卦、小吃唱戏等"传统剧目"轮番上演，热闹程度远甚于春节。但我们可以清晰地看到现代性因素的注入，在宽敞的村委会门前，高高飘扬的五颜六色的热气球平添了几分节日的喜庆，下垂的条幅是"发展现代农业、扩大规模经营、强化设施产业、增加农民收入"，"西村西瓜美味天下，西瓜种苗畅销全国"。当现代性文化因素在改造村民生活的同时，行动者通过自己的行动赋予这些外来文化元素以本土化的实践和意义。西村80%～90%的村民信奉佛教，村里莲花寺里供奉的是索瓜婆，从2001年开始，村民以及周边人员都积极的捐款修寺，迄今为止已为修建大殿和偏殿花费了400多万元。每月的初一、十五大多是上了年纪的老人和妇女去寺里烧香，年轻人外出打工了，即便是留在家里的从来不过问，也不相信，1980后出生的村民甚至表示“都不知道这尊菩萨的朝向”。每年的大年初一，村里最重要的活动就是去寺里进香，但进香的目的明显属于功利型，要么求财，要么求全家大小安康，村民认为“真心拜佛，真心办事”。承包大棚后，大家一天到晚都有忙不完的活。WBK 夫妻二人共同经营 4 个大棚，整日忙碌在棚间，人手不够时母亲还要到棚里打下手，平日则在家为儿孙准备饭菜、洗衣服，问其还去庙里上香吗？老人感叹道，“现在忙的跟啥样，哪有时间去啊，在家里拜拜就行啦”！而 WBK 的妻子则完全退出了寺里祭祀的活动，但她却把土地神请到了大棚里，在大棚的侧墙上挖了一个长方形的龛位，把土地神的画像贴在里面，并放置了一个小香炉，初一、十五定期上香以求心理上的慰藉。但当棚里作物发生病害时，她并没有救助于神灵，而是第一时间向技术员求助，采用科学有效的方法治疗病害。

由此，我们可以看到，与传统农业生产相匹配的村落文化象征——集市和庙会，对村落关系的维系力已经十分微弱了。集市还在，内涵已发生变化，寺庙虽然翻修一新，但真正能够投身到庙会活动中去的人却很少。曾经在共同体中发挥信仰建构及地域归属作用的集市与庙会，如今让人觉得越来越没有意思了。其实质反映了乡村社会结构的变化，在生产上，农户是为了市场而生产，农产品越来越多地通过专业市场而不是乡村集市输出到更高层次的市场；在生活上，农民的生活方式越来越向城市居民靠拢。可以想象，只要假以时日，当工业社会的原则越来越深入的进入农业生产，当农业生产越来越与二十四节气无关时，也就是集市和庙会与村落关系维系力最终断裂的时候。

生活边界随着血缘、地缘关系逐步淡化和消解而难以维持，费孝通在《乡土中国　生育制度》中提到的三个核心概念：“土地束缚下的中国”、“熟人社会”、“礼治秩序”都发生了巨大变化。“土地束缚下的中国”说的是中国人以农为业，以土为生，以“土”为命根子，舍不得离开泥土；把自已粘在土地上，认为“时代定居是常态，迁移是变态”，极不愿意流动[①]。自古以来讲求的是安土重迁，尤其是陕西人“老死不出潼关”，祖祖辈辈生活在同一块土地上循环往复，“过日子”的逻辑和意义也可以在土地中找寻。以择偶范围为例，如今村中 35 岁以上的配偶有 43.3%来自本镇，26.7%来自本区，村民们用“被窝里买猫，冒逮”，“是朵花过一辈子，豆腐渣也过一辈

① 费孝通，2005. 乡土中国　生育制度 [M]. 北京：北京大学出版社：7.

子”来形容具有极强地方性色彩的婚姻选择，凭着“父母之命、媒妁之言”，双方从认识到结婚，见面不超过两次。然而，当年轻人越来越多地远离土地外出打工时，情况发生了变化，城市流动体验不仅给了他们认识更多同龄人的机会，给了他们自由恋爱的观念，一定的经济收入还给了他们自由恋爱的资本。这种高涨的自由恋爱现象导致的最明显的结果就是“外来媳妇远嫁女”的出现。据统计，西村 80％的媳妇都是来自区外、省外，去广东打工带回了四川媳妇，到浙江打工领回甘肃媳妇，择偶半径大大扩展。在西村，即便留守人员从事的依然是农业，依然与土打交道，但是，土地再也无法束缚农民了，种地成为一项可以选择的职业，村民反而成为操控土地的主人，土地的象征意义大打折扣。“熟人社会”是“乡土社会在地方性的限制下成了生于斯、死于斯的社会；每个孩子都是在人家眼中看着长大的，在孩子眼里周围的人也是从小就看惯的”①。“熟人社会”维系着村落的规范与秩序，长老统治、差序格局、无讼等无不展示着这一生活逻辑。一旦熟人社会转变为陌生人社会，村落的“人情”、“面子”被“利益”、“理性”取代时，既已形成的规范与秩序将不合时宜，甚至轰然坍塌。当一切变化来得太快时，村民还没有做好充分的心理准备，变得茫然无所适从，多少总会有些失落感。“礼治秩序”按照费孝通的说法是，“从每个人说，在他出生之前，已经有人替他准备下怎样去应付人生道上所可能发生的问题了。他只要‘学而时习之’就可以享受满足需要的愉快了”②。其表达的是千年沿袭的一整套规范，承载着父慈子孝、兄友弟恭、长幼有序、男女有别、朋友有信的行为准则，这样一套准则可以使得“路不拾遗、夜不闭户”、“鸡犬之声相闻”。随着设施农业的进入，熟人社会中产生的道德规范与行为约束难以继续奉行，转型与变化从根本上改变了乡土中国的本色。

2. 村落政治的重构

人民公社时期，大队、生产队干部主要是通过上级的行政任命产生，一般是在村中表现积极且优秀的人会得到青睐。R 书记高中毕业回到村子不久就担任了生产队队长，队长的职责是给村民安排农活、记工分与分配物资，劳作不辛苦，拿的工分却是最高的。当时村民有“三怕”：“书记的婆娘，队长的娃，生产队的骡驹惹不下”。队长是给大家分配活儿的人，谁要是惹了队长及其家

① 费孝通．2005．乡土中国　生育制度［M］．北京：北京大学出版社：9．

② 费孝通．2005．乡土中国　生育制度［M］．北京：北京大学出版社：50．

人，就会被派重活出苦力，可能还会被扣工分，所以村民一般不会轻易得罪队长及其亲属。

1983年公社解体后改为W镇，村干部肩上的两大任务是：计划生育、催粮派款。前任妇女主任FJF说，计划生育不是人性化的管理，但它是国家的基本国策，刚性的政策不得不严格执行。但是，一生二控三禁止的政策不仅打击了农民传宗接代、养儿防老的观念，执行中罚款、扣地、拉东西的做法，也让人感到莫名的威胁和内心的抵触，人为制造了干部和群众之间的紧张空气。FJF介绍说，"1992年底开展冬季运动，村中一妇女二胎生下男孩20天后就做了绝育手术，但没过多久就因先天性心脏病死亡，妇女白天晚上到我家哭闹，大年初一将死孩放到书记家门口。无奈之下，镇上连同村里赔偿了3 000元了事"。除了计划生育是村干部最头疼的事情之外，征收农业税费也是麻烦事之一。农业税是国家对村庄政权的体现，也是国家汲取资源的基本方式，而税费交纳则既是作为公民的村民对国家政权的承认，也是这种承认在经济上的体现[①]。村人印象非常深刻的是有一年，秋季刚收完玉米，地里正播种小麦，上边就让交公粮，村干部不得已只能挨家挨户催农民连夜掰玉米。由于气候阴冷潮湿，为了避免玉米没法晒干而压秤的问题，命令村民将家里的炕烧热，把玉米放在炕上烘干。1994年中央财政改革，地方和中央开始"分灶吃饭"，地方政府"权小债重"，面临财政紧张。政府工作的日常运转、教师工资发放以及压力型体制下的各种达标要求，使得乡镇严重依赖于从农民那里提取税收以完成任务。西村每人每年收取的乡筹款金额在五十到一百元不等，这个费用对村民来说不是一个小数目。老书记G某说，"那时，村民还是比较老实好说话，把集体的日子看的比私人还重，两委会讨论后，广播向群众公布，一般都会配合村干部的工作。即使个别村民内心不服，表面上也要服从村干部的管理"，"即便如此，我也不想得你的奖（上级），奖励越大，群众的压力也越大"。因为长期以来实行的行政命令方式使农民对村干部心生畏惧，一旦违背便意味着面临严厉的惩罚。随着分田到户，农业税的取消与农民自发地倾向于少生，原来最重要的两件事都不重要了，转而要求基层组织提供服务。但是，村干部既缺乏管控的口实，又缺乏服务的资源，继角色迷失后出现心灰意懒的现象，"三不"出现了，即不愿干工作、不敢干工作、不会干工作。在稳定压倒一切的局势下，本着"不出事"的逻辑，村干部和村民间的角色发生了逆

① 吴毅. 2007. 记述村庄的政治 [M]. 武汉：湖北人民出版社.

转，村民对干部意见多，而干部却不敢对村民提任何意见，群众强而干部软。凡是要通知村民的事情，除非与其切身利益密切相关的“新农保”、“新合疗”事宜，好言好语相劝才有可能配合，否则，一概冷眼相待，事不关己高高挂起。

1987年，村庄选举制度把村委会作为一个独立的、有着潜在竞争性的权威引入到农村治理结构中。在一个村庄中，村党支部和村委会两个基层权威并存，且有着复杂微妙的关系①。1988年，西村正式成立村民委员会，随着老书记的卸任和RRQ的出色表现，2002年，他正式担任村主任直到上届（现在是村支书）。新的干部选拔标准与公社时期有重要区别，不再重视家庭出身和阶级成分，学历成为干部选拔的重要因素之一，干部的职责也出现变化。改革开放前，村干部的主要职责是执行上级的指令，不需要发挥主观能动性和创造精神，因此，一些毫无能力的干部也可以长期在乡村中担任重要职位。新时期的干部们面临着发展经济的巨大压力，能力成了选拔和考核干部政绩的一个主因。

村委会成立之初进行民主选举，目的之一是运用民众的力量来约束乡村干部的行为，但选举只是走过场，没有实际的内容和意义，村民并没有真正参与其中。一方面是因为受公社时期的影响，村民没有意识到自己在村庄治理中的权利和义务。另一方面，因为需要借助村干部的力量从农村提取资源，所以，乡镇与村之间结成了利益共同体，乡镇牢牢掌控着村支书的任免和村主任的选举。R书记说，选举制度刚开始时也就是形式而已，政府依然可以通过各种手段把控所期望的选举结果。2004年，农业税的取消使得国家不再过于依赖村级组织，表明乡村体制改革的方向是国家从农村社会的撤出，国家和农民的关系也渐渐“疏远”。但这时，乡村内生组织的生长还没有发育起来，由此造成乡村内大量矛盾无法化解，乡村秩序无法维系，公共产品无法有效供给的局面。更为重要的是，以自治为核心的村民委员会已无法整合村庄资源，整个农村社会陷入严重的无序状态。在西村，每届村干部选举成了拉帮结派、找茬惹事的出气口，“会弄的一辈辈，不会弄的一会会”，村干部走马灯似地轮流坐庄，乡村治理陷入瘫痪半瘫痪状态。

2002年，在乡镇企业工作的西村人RRQ调回村里当村长，上任后的第一句话是：群众的事商量着办。同年利用关系联系了一家公司落户西村，运作

① 周雪光. 2009. 一叶知秋：从一个乡镇的村庄选举看中国社会的制度变迁［J］. 社会（3）.

“公司+农户”模式的设施农业，村民初次见识了技术种田的魔力，也为2008年设施农业大发展汇聚了人气，打下了基础。从此，西村一步一个台阶，通过撬动产业发展，带动了村级社会管理的改革与创新，二者之间的良性循环促使西村逐步走上了发展现代农业、田园村庄、职业农民的快车道。2012年，为加大村级事务的监管力度，强化村干部的教育、监督和管理，确保村级事务政务财务的公开、公正与透明，西村在整个区内率先成立了村务监督委员会，将党的纪检监督工作延伸到村一级，将以前的村党支部、村委会管理模式扩大为“党支部、村委会、监委会三委多元治理的管理模式”。R书记说，西村推行“三委会”管理模式是基层组织建设的一项机制创新，在村治中引入多方力量能形成有效的权力监督格局，解决权力责任错位问题。同时，作为村庄不同群体利益代表的各方力量的存在，也拓宽了村民利益诉求渠道。村民自治所提倡的民主选举、民主管理、民主决策和民主监督在多方治理中围绕具体事务的博弈不断得以呈现。为了确保监委会的权威性和公正性，监委会主任由村中德高望重的WLL担任。现在西村形成了一套有序的决策系统，重大事宜由党支部决定，村委会执行决定，最后必须由监委会主任签字认可。监委会在很大程度上规限了村干部的权力，也对决策的科学合理性起到保障作用。村民的法治意识和独立意识渐次提高，开始意识到并珍惜自身的权利和义务，选举参与度与认知度明显提高。另外，村里现在已不设会计，实行村财镇管，即村委会所有的资金、账目都交给镇上的农经站管理，村委会需要用款时先由村委会拿出预算，再报镇农经站和乡镇政府审核、批准，在资金的使用上实行使用权、管理权、审批权“三权分立”。“想当官就不要发财，想发财就不要当官”。这一做法在很大程度上杜绝了村干部的铺张浪费及乱开支现象，促进了农村的党风廉政建设。

费孝通在《江村经济》中指出：“由于家庭手工业的衰落，农民只能在改进产品或放弃手工业两者之间选择其一。正如我已说明的，改进产品不仅是一个技术改进的问题，而且也是一个社会再组织的问题”[①]。西村的变迁过程也印证了这一观点，科技的导入致使村落的社会边界发生了剧烈变化，最突出的莫过于开放性与流动性，乡村社会的性质由此发生了深刻的重构，杜赞奇所强调的“村落共同体”的六个重要特征逐渐丧失存在的基础（表6-15）。

① 费孝通.2008.江村经济［M］.北京：人民出版社：236-237.

表 6－15　传统村落共同体与现代村落社会的比较

特征	传统村落共同体	现代村落社会
村落边界	具有明确而稳定的边界	沿着经济边界→自然边界→行政边界→文化边界→生活边界的顺序渐次打开；边界越来越模糊
村落结构	具有很强的封闭性，“排外”现象明显	开放的结构，流变的机制
个体地位	具有高度的集体认同感和高于个人层次的集体生存利益	个人从带有强制性的群体束缚中解放出来，自由流动、自主选择
社会关系	内部互动关系密切	亲属关系弱化；沿着血缘→地缘→业缘的顺序渐次向外扩展
社会秩序	下层合作的中心，存在集体的行动和仪式	法律契约与社会舆论
社会整合	道义的权威中心	劳动力领域出现分业分化，根据知识、技能和能力向上流动；科层组织出现
经济活动	“小而全”的自给自足，万事不求人	转向商品农业，关注商品生产、分配和消费；货币成为衡量标准及交换工具

第七章　村落变迁的意义阐释

改革开放前30年，村落与国家的关系非常紧密，农民生产出的粮食按照国家的收购定额如数上交，农民需要的生产资料和生活资料都由国家以计划的形式通过供销部门或是物资部门出售给农民，几乎所有农产品的价格都是由政府来确定的，二者之间呈现一种单向的自上而下的关系。国家通过人民公社这种“单位”形式将农民固着在土地上，禁止一切商品交易和买卖行为，农民无法获得发展的机会，偶尔出现小商品交易的苗头，就被戴上投机倒把的帽子，定要割资本主义尾巴。因此，村落与市场之间的联系非常微弱，形成了强国家、弱市场的局面。1978年以后确立的家庭联产承包责任制，实行“交够国家的，留足集体的，剩下都是自己的”，“剩下都是自己的”这句话，暗示了村落与国家之间的关系不再“针插不进”了，农民可以在市场中自由买卖自己生产的农产品，由此引申出一个巨大的发展空间。随之而来的多种经营、乡镇企业、外出务工、农业现代化使得村落与乡村之外的更为广泛的区域建立起商品关系，市场配置资源的功能逐步增加。

一、农业技术与村落社会的互构

社会变迁根据变迁的动力可以分为内发变迁和关联变迁。内发变迁是指社会变迁的原动力源于社会系统自身，是内部的一种自然生长过程[①]。关联变迁则是社会系统之外的新思想被传送进来引起的变迁，分为选择和指导两种。选择关联变迁是当社会系统内的成员受到外界影响，根据自己的需要，采用或拒绝新思想引起的变迁。新思想的影响可能是自发的，也可能是伴随的，接受者可以选择、解释、采用或拒绝新思想。指导关联变迁是当社会系统外部，诸如一些机构或机构的代理人，为了达到自己的目的，有意识的介绍新的思想所引

① 李明华，等.2006.经验中国：以浙江七村为个案　第三编：村落的技术［M］.北京：社会科学文献出版社：47.

起的变迁[①]。

村落作为一个社区，总是处在非常特殊的环境之中。农民在农业现代化进程中抓住机遇，利用政府提供的优惠政策并在其指导下迈上现代农业的发展道路。现代农业不像传统农业生产在家庭内部就可以完成，它是建立在高度社会分工的基础上，并且对市场的依赖性增强。新科技的引进，为传统村落注入了工业社会的准则，这不简单的是一个科技改进的问题，而且也是一个极其复杂的社会组织重构的问题。自给自足的自然经济形态的解体、村落社会结构的变化、家庭关系的变化等对此是一个很好的印证。但是，在农业科技推动下所发生的村落变迁的实践，不仅是理论或意识形态单方面的落实，或政府政策单方面实施的进程，也是农民生产和生活活动对此作出积极回应和努力建构的过程。农民在最初的指导关联变迁中完成了设施农业的棚体建设，当大棚科技被农民熟练掌握后，并且清楚地知道自己的需要时，很快就演化为选择变迁，并且卓有成效[②]。

人们习惯把科技传播部门称作“技术推广”部门，词意本身就包含了专家和科技推广人员居高临下的身份与姿态[③]，但是，对于祖祖辈辈生活在乡村中的农民来讲，土地秉性、作物生存法则、气候变换等乡土知识早已内化于血液与灵魂之中，地方性知识与技能经过漫长岁月的耳濡目染成为自身的有机组成部分。针对一些病虫害，他们会采取科学的方法和自己的“土法”相结合的方式治理，事实证明，创造性的转换取得了不错的效果[④]。在这个过程中，技术精英的作用十分主动与明显。具体表现为：第一，有意识地扩展信息来源渠道。一是每天晚上坚持收看《新闻联播》，对于国家总体发展规划以及发展的重点有所知晓，从而把握国家政策话语导向。RRQ 在访谈过程中多次提到，“今年中央的 1 号文件是农业科技提升，如果你领先了，国家会给你注入活力”；二是时常浏览《农业科技报》等报刊，特别关注科技栏目与市场营销信息，以便及时抓住商机；三是利用座谈、开会、基层检查等各种机会与乡镇、示范区、省政府等各级领导交流沟通，及时了解农业的发展思路及争取有利资源，而不是像以往那样一味地惧怕领导。RRQ 说，“每逢上级领导来村里检查工作，镇上都要求我们将卫生打扫干净，产生的费用却不管。今年的腊月 26

① ［美］埃弗里特·M. 罗吉斯．1988. 乡村社会变迁［M］. 王晓毅，王地宁，译．杭州：浙江人民出版社：310.

②③④ 冯燕，张红．2012. 农业技术在村落变迁中的作用——基于陕西杨村的实证研究［J］. 中国农学通报（1）.

日，省里一位副省长来调研，我提前组织人花了 3 000 元打扫卫生。看到干净整洁的村容村貌省长高兴，我借水放船，建议投资 120 万元建立一个 500 吨的储藏冷库，做到人有我好，人好我存（打时间差）。我说，今天你官最大，你给钱我高兴，省长当场答应。虽然我打扫卫生拉账了，但对产业推动这点钱是次要的，总有一天政府给的会超过打扫卫生的”。第二，乐于接受新事物，勇于尝试。当一项新品种进入，绝大多数人还在犹豫徘徊观望时，乡村精英已经敏感地嗅到利益前景，凭借着自身的经济实力与管理水平率先试用。RRQ 2001 年以前一直从事的是小麦玉米种植，辛苦不挣钱；2001 年，当新绿公司将大棚蔬菜技术引入时，他率先尝试并且在 2004 年公司遭遇灾害被迫离开时，看到“钱”景的他力主重建大棚；直到 2010 年大棚蔬菜“遍地开花”时，他又有了新的想法，“我去年换种洋葱苗，收益不错，今年当别的村民也跟着换种，年初我又在棚中换种 2 万株树苗，0.6 元／株买进，按照订单，10 个月后将以 2 元／株的价格卖出。我的经验是，种粮不如种菜，种菜不如育苗”。第三，大棚管理精细，各项环节严格按照科学化操作规程进行。如，一席菜需浇多少水，到什么程度需冲肥，每行需要多少肥，什么时候撒肥能随水流均匀分撒，需雇工时知道谁的技术好，西红柿挂果需在同一方位，拉帘和回帘时间随季节天气而变化等。只有这样，才能保证光照通风，果实色泽光亮，产品商品率高，才能够提早上市，否则拿钱给庄稼买痛苦。第四，更为重要的是，他们对于农业未来的发展与大棚的持续发展具有独立的思考，RZG 说：“大棚内的土壤如果不轮换倒茬，病害严重，如果换土工价太大，怎么办？单一发展一种产业好比把鸡蛋放在一个篮子里，风险较大。村里以前种植猕猴桃，经济效益一年算下来与大棚基本画等号甚至更大，它的优点很多，不像蔬菜大棚怕雨灾、雪灾、风灾，猕猴桃只需要操心冻灾，霜冻前放烟火就可以消失；猕猴桃没有大棚的劳动强度大、投入大、风险大；品种更换快，只隔一年就可以挂果。政府今后是否考虑实行多元产业结构”？“在维持现有规模的基础上，应在质量上下功夫。为什么 YL 当地 80%～90%的大棚种植西红柿？原因只有一个：稳定。棚内试种新品种风险大，农民无力承担，政府应设立大棚的试验机构”。由于技术精英的决定一向比较正确，所以在乡村系统中占据举足轻重的地位，他们的一言一行与价值观念往往具有风向标的作用，村落中技术精英的权威远高于政治精英。最关键的一步在于，这种能动性扩展到了广大农民的身上，表现出极大的自主选择，此选择是由致富愿望、先进生产方式和现代生活方式的示范效应激起，是通过个人交流与广泛采用的大众媒体被认识到的。

农业科技所引起的村落变迁是一种选择的关联变迁，是外力影响和内源变迁互相结合的变迁机制。正是这种变迁机制改变了乡村的社会面貌和生活轨迹①。由此，我们认为，农业科学技术和村落社会的关系不是一次形成的，而是在多次反复的互动中逐渐建构起来的。村落因为农业科技的刚性而产生结构重组，与此同时，建构中的农业科技也因某些社会因素的影响而被改造，形成了科学技术和社会之间的互构。一方面，日常生活技术化，主要表现是日常社会交往中很大一部分时间被技术活动所占据。例如，逢年过节会主动给“业缘关系”打电话或发短信以维系今后的往来；每年定期举办的培训使得技术不断得以更新；大棚外的聊天、网上信息浏览、QQ 交流、准点收看中央 7 套节目、村中的高音喇叭每隔 1 小时定点播报天气预报等。日常生活中，家庭与经营的紧密结合使得技术活动与家庭消费之间、家庭内部的劳务分工，均没有明确的分割。另一方面，技术活动的生活化。首先，技术交往中出现了泛情感化的感性色彩。最直接的表现是很多技术上的合作者或客户最后都发展成了生活中的朋友，而且在合作关系解除后仍然保持生活中的交往。技术员 RWX 说：“我这人给别人干活实在，质量好，结款时也比较灵活，差不多就行了，不是非得说多少就得多少，所以人家对我很热情。好多人后来还会有联系，打电话问我：干什么呢？现在怎么样？什么时候来家里吃饭啊”？其次，技术活动以家庭福祉为目标，给他们的奋斗赋予意义。支撑他们打拼的最重要的还是孩子、养老等“家本位”的观念。RWX 说他奋斗的原因之一是“年轻时候多干点，老了享点福”，而 WMY 则说：“能干时多干，供孩子上学，这是自己唯一的打算”。布迪厄指出，实践活动的原则不是一些能意识到的、不变的规则，而是一些具有模糊性的实践图式。上述实践活动展现出的是一种“活”的生活方式和内在于行动者的惯习。“日常生活技术化”和“技术活动生活化”二者本是一个辩证统一的过程，农业科技没有决定村落社会，村落也没有全盘接纳或是全面否定农业科技，而是农民在其中选择了一个合理的契合点。当然，科技和社会的互构不是自动生成的，而是在外力的作用下，依赖农民的选择和行动才得以实现。而彼此之间互动的复杂性、变动性和不可预见性，使得农业科学技术和村落社会之间的关系必然在多次的“切磋及试错”中逐渐建构起来。

① 冯燕，张红．2012．农业技术在村落变迁中的作用——基于陕西杨村的实证研究［J］．中国农学通报（1）．

二、农业变迁与农民现代化

在传统农业向现代农业转变的过程中，最深刻、最本质的变化莫过于农民由小农向农业生产者的转变。美国学者英格尔斯曾经指出现代人格应具有9个方面的特征：乐于接受新经验，对创新和变革持开放态度；乐于对广大公共环境中的各种问题提出看法；明确的时间取向；重效能；计划性；相信规则和社会生活具有可预见性；有公正分配的意识；对正规学校教育感兴趣并高度重视；尊重他人。同时，他也认为人的现代化过程需要有一个过渡中介，其中工厂工作经验对于个体获取现代性特征起着非常大的影响和作用[①]。我们认为，现代人格的养成不再被仅仅看成是现代化进程的期望，而是现代化充分发展的先决条件，现代农业遵循现代工业的原则，是农民获得并学会使用优良的新生产要素的结果。在农村，我们不仅看到了农民现代性的习得，而且现代人格与组织制度相互作用，共同推进了乡村社会的变迁。

土地情感与工商理性。传统农民对土地更多的赋予一种情感，土地意味着耕种的田地以及代表的身份，意味着能够提供养活全家人的口粮，土地占有多少是衡量社区声望与地位高低的中轴标志。同一块土地年复一年的不断“产出”，象征着子子孙孙生生不息的生命“轮回”。现代农民对土地更多的寄托一种理性和经济的观念，土地不仅是一种生产资料，而且还是一种重要资本。乡村中最先抛弃土地情感的是乡村精英，他们在接受和采取科技变革时，通过经济意识“管理”生产，经济决策趋于理性化。经过几年的市场历练，绝大多数农民开始明白贷款、利息、还贷的概念；他们建立账目，根据产品销路的好坏来安排来年的种植计划；“有个好收成”对于他们来讲是指销量好而不是产量高，农业不再仅仅被看做是一种生产的技术，也是对市场需求的一种适应；他们在忙于农业生产与经营的同时，会自觉地参加一些活动以提高自身的职业素质。而且更可贵的是在接受和采取一项新科技时并不是盲目的，而是有意识推理计算的结果。2005年以前，扣除农药、化肥等生产成本费用，再刨除村民自己的口粮，每亩地的收入仅有300元左右。所以，2008年当政府推行设施农业时，基于预期能获得收益大于预期所需付出的包括使用生产手段和科技

① ［美］艾利克斯·英克尔斯．1985．人的现代化——心理·态度·思想·行为［M］．成都：四川人民出版社．

在内的成本，村民选择了商品化的大众性生产：蔬菜与瓜果。另外，村民对有限土地的利用一定程度上也反映了“工商精神”的凸现。村民 WHB 本人承包了 3 个中棚，净 6 亩地，与妻子共同经营，长期雇有一名妇女为其工作。他每天的工作时间表是：早上到他负责的 60 个中棚里全部看一遍，有问题就指导农户解决。问及为什么没有种圣女果而选番茄“金鹏一号”？他说：“圣女果结的密，果型小，容易起病，风险较大，西红柿则不。我的选种标准是，生产力旺盛，开花坐果的能力强，果形好。进口品种具有抗病能力强、坐果能力好，货架期长的优点，这样客商才会喜欢，才能卖上好价钱，所以我宁可多花点钱买好的品种。明年想种欧官，但是这个进口品种更贵一些，我担心自己培育不好，想买成苗，或是买种子，去附近的育苗公司让他们育苗”。

农业的商品化转化，市场行情的好坏、市场规模的大小以及农产品价格的高低都决定着农民的生活水平。因此，在频繁的商品交换的经济实践中，农民越来越多地表现出对于市场力量的自觉服从。在西村，市场对品种的需求要求农民能够敏锐地捕捉市场信息以便及时“倒茬口”，如早春茬番茄收货后，秋延后是种植黄瓜还是辣椒或西葫芦？最新的茄子品种都有哪些？是否适合本地的气象条件与设施保温水平？尤其是在消费者更加关注食品安全和身体健康的当下，农业的生产者和经营者，显然只能生产绿色食品来满足消费者“吃出健康”的目标追求。总之，几年的市场阅历使农民慢慢建立起一定的信息渠道，在经营活动中掌握了商品的销售和利润的详细情况；市场批发业务培养了一个稳定的客户群体；在经营活动中通过与专家、技术员、客户的交流接触而对某一品种的生产过程、技术要求、市场行情有所了解；农民与外界的合作由家人亲戚扩展到社区，进而由本地社区扩展到外地；协调社会关系的准则从伦理性、政治性的规范要求转变为经济的、法律的规范；村民习以为常的“互助相恤”传统被“雇佣与被雇佣”关系取代，大家彼此心安理得反而觉得“欠人情”的做法不妥。“农民与现代社会融合的媒介是商品生产，是市场。与市场发生广泛的联系之后，市场的价格、城市的需求、政府的政策等因素就都会影响农民的生活，这样就能够把农民的视野从一家一户、一村一舍引向更广阔的天地”[①]。总之，市场的发育使得农民的视野不断扩大，以前仅关心眼前的收成和生计，现在拓展到关注时事、政治、法律等，关注的问题越来越现代

① 许平. 2001. 法国农村社会转型研究 [M]. 北京：北京大学出版社：213.

化了。

热心公共事务和公益事业。包产到户后，西北乡村的集体经济可以说是零，产业没有发展，群众兜里没钱，缺乏经济基础的乡村干什么事情都难。村里主要街道依然是土路，渠道常年失修杂草丛生，线路老化，大风一吹就不见踪影。从选举来看，务棚前后村民对村庄政治的态度是完全相反的，这是由村庄政治所产生的利益在村民生活中的重要程度决定的。或者说务棚后，村民经济收入的变化使得村庄政治的比较利益降低了。这种变化被徐勇表述为“秩序震荡”。徐勇指出的传统乡土性规则的破坏和村治资源的流失在西村体现的格外明显。一方面，随着越来越多的村民务工务农取得了一定的经济成就，村庄政治在村民生活中的重要程度越来越低，村干部不再享有以前一样的声望和权威。尤其是在取消农业税以后，在村干部没有做出任何政绩的情况下，村干部这一角色在村民眼中成了可有可无的鸡肋。另一方面，正式的村委选举在这里也几乎快消失了。年轻人并不关心这些，只是尽可能多的赚钱，然后搬到大城市去居住。村里的四个村民小组，分别有任（50％）、张（35％）、王（15％）三个大姓，其中，任姓与王姓内部按血缘远近又各分为两摊子，人员关系错综复杂，历年积累的矛盾纠纷太多，夹杂着太多理、情、面及其他价值偏好的因素使得选举越来越不容易。1998 年选举村长时，1 组对提名的候选人有意见，“王家的书记不是大家的书记”，戏剧性的结果是，所有选民集体离开会场以示抗议，愣是把选举的摊子砸了。1998—2000 年连着三年，村里产生不了书记，由镇上委派专人代理；村长连着换了 4 任，不到期就被四处告状的村民掀棚了，西村成为基层干部眼中的“老大难”。为了调动村民参与选举的积极性，每次选举前通过发洗衣粉、毛巾或是直接发钱等方式吸引选民，即便如此，许多中青年依然麻木不仁、无动于衷，“我打工，谁爱当谁当”，没有将严肃的选举看作是与切身利益相关的“我们”的事，表明他们并没有真正进入现代政治。流动票箱的设立本意是方便选民投票和提高投票率，但后来演化为挨家挨户“求”投票，有时多余的选票工作人员自己一填放进去，带有一定的欺骗性质。村庄政治的萧条，意味着村庄治理的无力和村庄秩序的混乱。

随着经济的发展壮大，农民的民主意识、法律意识、维权意识、参与意识明显增强，投票的标准由“自家人”转变为“谁能给群众办实事，谁有领导能力就选谁”，村民已经学会将自己的要求与投票选举结合起来。2013 年 3 月陕西省村委会第八次换届选举，村里凡是在家的人都赶来投票，上午 9 点准时开会，每组由组长带队，4 人一行有序进入会场。村民自己成立了选委会，设主任一名，“想捣鬼都不成”。另外，新合疗与新农保的收费在每年的 11 月底至 12 月初进行，2008 年以前，村民思想认识不统一，村干部挨家挨户“跑断腿磨破嘴”做工作，参与率勉强能够达到 90%。现在村民收入水平提高了，手头方便，小钱不在乎，对于社保的认识加深了，5 天之内就完成全部任务，参合率与参保率均达到 100%。新农保按照划分的等级标准收费，将来的收益率不同，目前，村里每人每年交 100 元的占 85%，交 500 元的占 15%。村民经济条件的好转，使得农村社会保障制度的落实完善得以实现，村民自身的社会活动也日趋社会化。2011 年 8 月我们在村里调查时，看到一片玉米地正在被铲除，问其原因，说是本村最大的建筑商——RJS 将投资 50 万元，动用自家的建筑队义务为村里修建活动中心。如今，这里成了村民下棋打牌聊天的公共空间。村里目前正在酝酿建设一家“乡村家园”，将 70 岁以上的老人集中供养，这种方式借鉴了城市社区居家养老的做法。2012 年 3 月，村里议定不走招标程序，自主翻修 3550 米长的生产路，为此多次组织党员、群众代表群策群力、建言献策，村民参与的积极性很高，也识大体，“如果路经哪家的地，地往里攒一点无所谓”。并由党员牵头成立了道路队、清账队和监工队，工价降到每人每天 60 元，仅用一个半月的时间就全部竣工，节省了 20 多万元。村里 2011 年创新基层社会管理，以三老人员（老党员、老干部、老教师）为主体，成立了西村决策发展协会。这种做法看重的是村庄的传统性与自然性，这些老人在村中德高望重，在矛盾纠纷调解、搜集反映民情民意方面发挥了很大作用，如修渠修路、递交高压网线整治报告等。由此，我们看到了民间社会组织正逐渐成长为乡村多元治理中的一员，民主决策与民主管理方兴未艾。

农民的现代化在乡村精英身上表现的尤其明显。学者项辉认为乡村精英应该是指这样的一种社区成员：他们在某些方面拥有比一般成员更多的优势资源，并利用资源取得了成功，为社区做出了贡献，从而使他们具有了某种权威，能够对其他成员乃至社区结构产生影响[①]。西村作为一个社会单元，其发展变化除了政府、市场等外在因素，更多的是人的主观能动性的发挥。作为村庄发展的领头人，乡村精英具有争取外部资源和调动村内资源的能力，是推动农村经济社会发展的重要力量，不仅可以扭转和改变村落发展的走向，而且起着榜样示范作用，对村民的思想观念和行为方式影响很大。乡村精英分为三

① 仝志辉 . 2002. 农民选举中的精英动员 [J]. 社会学研究 (1) .

种：经济精英、权力精英和知识精英。西村支书 RRQ 是陕西省党代表、农民技术员、人民调解员，集经济、权力、知识于一体的精英人物，对西村的发展变迁起到了关键性作用。

孟德拉斯指出，在经济变革面前，一部分人仍深深的依恋着传统的体系，而有才干的农业劳动者决心按照现代经济的规则行事，所以在农业劳动者阶层内部出现了分化[①]。首先，在观念上，乡村精英敢于冲破传统的束缚，采取理性的经济行为方式，从而表现出了一种企业家精神。他们敏锐地认识到技术进步对于提高生产效率和农业收益的重要作用，率先采用新技术和新设备，而且更为可贵的是他们在接受和采取一项新的技术变革时是有意识而非盲目的。60 多岁的 R 书记在西村属于学历较高的人，对新知识、新技术始终保持着浓厚的求知欲。作为农民技术员，他总是勇于第一个尝试采用新技术，成功后及时将技术传播给村民。他非常注重技术培训，每年定期聘请专家教授为村民讲解农业科技新知识，通过更新科技知识以提高村民的致富能力。其次，在经济上，乡村精英具有超前的眼光，从一开始就试图改变传统的耕作系统和管理系统以从根本上解决矛盾。R 书记通过改善西村的种植结构，对村民整体收入的提高起到关键作用。土地下户时，村民种植玉米和小麦的人均纯收入仅有三四百元，勉强解决温饱问题。随着大棚蔬菜、猕猴桃的发展，村民的收入翻了几番。在改变耕作系统的同时，R 书记也注重管理，能够根据市场的需要不断地进行产品的推陈出新；根据政治的需要适时地打造宣传西村，如今的西村成为远近闻名的代表新农村建设的一张名片。再次，在政治上，乡村精英能够很好地理解个人与政府的关系。在明白了经济系统的功能，但又不能控制这个系统时，也就是说，当他们做出风险决策时，既不知道农业形势将来的变化也不知道自己的选择是否恰当的情况下，会求助于政府。R 书记是村庄的一把手，凭借自身能力和人格魅力掌握着村庄的核心权力。见多识广、头脑活络的他善于利用各种机会借力争取外部资源，慢慢地为自己编织了一幅人脉关系网。调查中，我们看到村委会四面墙上悬挂的各种奖牌和锦旗，都无声地证明了他在政治上属于卡里斯马型的管理者。他说，现在的村干部不同于计划经济时期，不能再依靠强制手段管控村庄，必须靠威信和影响力，通过提供服务来取得村民的支持和信赖。作为乡村精英，我们从 R 书记身上看到了一幅关于一个人、一个村庄和一个国家转型、快速发展的清晰而熟悉的图景。具有现代意识的乡

① ［法］孟德拉斯．2005．农民的终结［M］．李培林，译．北京：社会科学文献出版社．

村精英已经具备了一定的工业理性、强烈的经济意识和自我保护意识，使其在变化的国家和经济形势中主动采取措施寻求自身的发展，从而充分体现了企业家的胆略和精明。

综上所述，农民在经济上，通过从事现代农业与市场和外界发生着越来越多的联系；在政治上，由原来的“家族本位”与政治冷漠转向成熟；在社会交往上，逐渐摆脱长老权威的人身控制与依附，变得更加富有独立性与自主性；在文化教育上，更加积极主动地参与各种科技培训及读书看报上网活动，力图了解与跟上不断变化的外部世界；在观念上，正在向自己的过去告别。各个方面的变化相互影响、相互作用，形成了一个紧密相连的有机整体（表 7－1）。我们看到的是，农村社会从稳定静止走向变化革新，并且会在相当长的一段时间内持续着传统→现代的发酵。

表 7－1　传统小农的瓦解与新型职业农民的新生

特征	传统小农	新型职业农民
社会角色	传统农民是一种身份和社会地位的象征，从事农业生产是一种“宿命”	职业农民从事农业生产经营，可根据自己的知识、资金、经营管理水平等进行“选择”
生产者来源	传统农民是从土里长出来的，具有超强的稳定性和封闭性	职业农民可以是本地农民、返乡农民工、“两后生”或城镇居民，具有流动性和开放性
自身素养	传统农民从事农业生产主要依靠父辈的经验和自己对于土地的感觉	职业农民需具备较高的经营管理水平、科技知识和资金投入
生产目的	传统农民以“安全第一”作为维持生计的目标追求	职业农民充分利用市场机制获取报酬，其目标是追逐最大利润
生产关系	传统农民以粗放经营为主，生产规模较小；以血缘为纽带维持和调节生产者之间的关系	职业农民以集约经营为主，生产规模较大；以业缘为纽带维持和调节生产者之间的关系
生产方式	传统农民的生产方式是“食于土”，劳作方式是“日出而作，日落而息”	职业农民采取机械化、生物化、化学化、标准化的农业生产方式
经营方式	传统农民以种植玉米小麦为主，自给自足，万事不求人；家庭收入主要来自外出务工	职业农民主要以特色农业为主，商品化和市场化水平高；家庭收入主要来自农业经营

（续）

特征	传统小农	新型职业农民
社会行为	熟人社会的守望相助；差序格局的亲疏远近	熟人社会→半数人社会；差序格局的理性化与工具化趋势
政治行为	皇权与绅权结合下的“无为政治”；极强的忍耐力	政治冷漠→积极参与；热心公共事务与公益事业
职业伦理	传统农民讲求节俭持家、勤劳踏实等道德素养；在精神与行动上依赖社会权威	职业农民讲求时间观、竞争观等职业素养；技术精英的社会影响逐渐提高

三、村落中的技术、国家与市场

转型时期的中国乡村就是一个观察变迁的巨大“实验室”，但是，学界对于地方社区变迁动力的研究却并不多见。通过对西北乡村调查得出的结论是：国家、市场与农业科技是村落社会变化的三股主要力量，其中，国家主导的制度力量是指特殊历史条件下的各项政策，市场力量是指工商业对农村的进驻，农业科技则是特指设施大棚的科学知识与技术规格。在中国农村社会长期的发展过程中，村落孕育了农业、家庭手工业、草根工业等多种产业，但是总体来讲，农民和农业从来没有从空间上离开村落与土地。但从样本村 60 多年的变迁来看，以现代农业和全球化为背景，以市场化与城市化为动力，以劳动分工、生产关系、阶层分化为机制，带动了现代乡村社会的建立与发展，农民和农业也跳出了传统村落的圈子与土地的束缚，走向越来越广阔的天地。

在村落变迁的过程中，意识形态和政治因素因其持有的优势资源而率先登场并扮演了决定性的角色。作为一个典型的“有计划社会变迁”的国家，尤其是在新生事物的起步阶段，国家力量产生的作用要强于农业科技和市场力量。西村的设施农业从 2008 年开始，短短五年的时间里迅速崛起，与政府在科技推广、村民贷款、土地流转、组建合作社等方面充当制度供给者的角色，以及出台的一系列优惠政策和给力举措都有着极为密切的关系。首先，政府主动倡导与设计，在广泛听取民意的基础上根据需要建构出相应的实施方案。其次，政府自觉扮演了组织与领导的角色。一是建立领导机构，二是采用多种方式与途径广泛动员与宣传，三是宏观层面的基本原则与大政方针的引导，以及微观层面给予具体的科技指导等。

YL是中国农业文明的发祥地，拥有深厚的儒家文化底蕴，长达数千年的社区积淀与熏陶，使得农民普遍形成了一种“顺天、应时、知足、信命”的态度，经商意识不是很浓，但是，对政府却非常看重，政策执行的很彻底。所以，在推行设施农业的起步阶段几乎没有遇到大的抵触行为，一路凯歌行进。但是，到了中期和后期阶段，政府应视情况逐步退出，转向扮演支持者、宏观调控者和公共服务者的角色，主要职责是支持、引导、协调、规范和服务。“支持是指运用政策、立法、财政、金融等手段支持结构调整、产品开发、技术创新等；引导是指加强产业引导，开创特色产品，创造优质品牌；协调是指组织协调，促进各部门的有序发展；规范是指建立健全农业产业化经营体系的法律法规和规章制度，用以规范各参与主体的行为；服务是指公益性的科技服务与市场信息服务，用以指导生产经营决策”①。

从作用的长期性看，政策制度与农业科技的作用力要远远弱于市场的冲击。市场化的深入发展提供了大量的就业机会，有的农民从事大棚种植，有的成为技术员，有的成为农民经纪人，有的成为专职翻土工，有的把眼光投向大棚建设所需的工业产品上，还有的农民从事运输、餐饮等个体商业服务性工作。农民顺利地进入了职业转变的序列，并且在村落中成功地实现职业升迁。当政府选择逐步退出时，决定新生事物能走多远就更要视市场的发育程度了。

在YL，目前依然实行的是一家一户的经营模式，但在整体布局上，现代农业园区通过土地银行成功地实现了土地流转，形成了占地2.6万亩的规模化经营。因此我们认为，在中国的现实情况下，现代化农业生产可以是一家一户的，但在加工、销售等环节则可以是规模化的。需要进一步深究的是规模化的“度”？从销售的角度看，本地生产的蔬菜根本不用去JY批发市场，只需通过代办在家门口就销售一空。纵横交错的交通运输网使得市场调剂绰绰有余，当地产的西红柿、辣椒、草莓等果蔬经过西宝高速公路可以便捷地运往附近的大中城市，北边礼泉、乾县产的四季豆、甘蓝和西边甘肃的土豆、韭菜都可以当天打一个来回输入本地。现有的大棚种植面积与销售之间基本达到饱和状态，果汁、酱菜等产品就地加工因缺乏原材料或成本高而发展不起来，事先“规划”好的JY批发市场就是一匹死马。如此一来，YL只是形成了基层市场→

① 牛若峰，夏英.2000.农业产业化经营的组织方式和运行机制［M］.北京：北京大学出版社：121-122.

中间市场方圆 200 公里的辐射面。如果国内市场不畅通，地方性和地区性市场的吸收能力有限，给农业生产者提供进入市场的机会就有限，农业商品化生产发展的余地不大。如果与国际市场间的流通相对封闭，也会缺少来自国际市场的竞争压力与强大刺激，只能在小范围经济发展的框架内寻求条件和商机。如果想要形成更大范围的覆盖，必须向寿光那样形成"买全国菜、卖全国菜"的格局，外地菜进入→JY 市场→二次包装成 YL 品牌→包装菜输出，整个链条将带动住宿、餐饮、汽车修理、制冰、棉被、纸箱、塑料瓶、加工整理等产业和服务业的出现。但是，主要的制约因素是地处西北小镇的地理位置与有限的辐射范围。

从生产的角度看，凡是拥有 30 个以上大棚的经营大户和"资本下乡"的企业，绝大多数经营不景气。究其原因，一是受制于资金限制。现代农业最主要的投入是资金，在 2008 年发展大棚之初，当地政府曾经制订了"连片建设大棚 30 座以上的，每棚直补 5 000 元，50 座以上的每棚直补 10 000 元"等优惠政策，借以吸引"外资"的注入，但在随后扩大再生产以及受灾后所需的后续资金跟进方面远不能满足需求。当然，大户中不乏想来套国家钱最终被淹死的投机者。二是激励和监管限制。规模化生产企业从事农业生产必须面对农业与工业不同的特殊情况，即在广大的空间里怎样有效监督一个几百亩乃至成千上万亩农场的雇佣人员①？访谈中 RZG 生动地说，"比方拉帘与回帘的时间问题，天气好时，下午 5 点后气温继续保持在 18～20 ℃，可以迟些回帘，天气不好需提前回帘。雇佣的人如果不经心，仍然按照惯常时间回帘的话，西红柿至少迟卖 6～10 天，我头里卖 1.8 元／斤，轮到你卖 1.5 元／斤，人为地降低了经济收入。更有甚者，老天不长眼，雇工下班后如果遇到雨雪来临，他家住在东村，受雇在西村工作，不是工作时间他不会主动过来义务帮忙。假如冬天不能及时保温，3 小时就会全军覆没。另外，还存在浇水漫灌、偷吃偷拿等问题"。

在孟德拉斯看来，历史上的法国农民尤其是青年农民按照工业社会的经济规则行事，利用邻居外流的时机扩展自身，并以"惊人的可靠直觉去创立一些全新的和非常符合现代要求的机构（农业技术研究中心、农业集体利益协会、家庭乡村培训所等等）"②。可以看出，"邻居外流"和农民的"自组织"是法

① ［美］黄宗智．2012．小农户与大商业资本的不平等交易：中国现代农业的特色［J］．开放时代（3）：9.

② ［法］孟德拉斯．2005．农民的终结［M］．李培林，译．北京：社会科学文献出版社：258－259.

国“终结”小农户的两个关键前提，前者是农业现代化的物质基础，后者是对接科技与市场变化的载体。在中国，随着农业剩余劳动力的大量转移，可以预见的是，土地的规模化经营程度将进一步提高，以农民专业生产合作社与种粮大户为市场主体的生产力新格局将孕育形成。2011 年，全国已经建立超过 52 万家农民专业合作社，农户参加农民专业合作社的比重已达 15.2%。这种变化体现了现代农业发展的要求，必将对我国农业农村发展产生重大而深远的积极影响①。从这个意义上讲，在小农经营仍有顽强生命力的今天，农村真正发育出以农民为主体的合作组织非常重要，通过农资服务网络统一乡村农资市场实行县、镇、村连锁经营，通过农技服务网络免费为农民提供全方位、全天候的科技咨询，形成从技术研发、农业生产、产品加工、物流储运到市场对接的利益共享、风险共担的“垂直一体化”产业链，这样就可以在农民与市场、城市与农村之间构筑起金色的经济桥梁。

从作用的深度看，农业科技对于村落的影响是深刻而且全面的。尽管科技对传统村落的冲击力不足以与市场和刚性的政策制度相比，但从深度上看，其影响却远甚于后二者。调查中我们注意到，农业科技既是村落变迁的源头，也是村落变迁的载体。①科技的嵌入：在现有土地面积、生产资料与劳动时间下，农民对于一项新科技是否选择与怎样获得遵循“耳听为虚、眼见为实”的原则，示范户的效应最具有权威。②科技的网络：一般来讲，作为一项新科技必然具备一定的异质性，异质性科技要被农民普遍接受，需要进行科技的培训、交流、示范与推广，这必然会以个体为中心形成了一幅立体的科技网络。③科技的效应：农产品流动的途径和范围沿着基层市场——→中心市场——→全国市场——→国际市场蔓延。与此同时，农民的职业化取向、专业化分工与现代性理念都发生了重大变化。家庭收入结构中来自设施农业与其分化出的职业收入占到了人均总收入的 56.6%；消费方式处于加工商业化阶段并有向全面商业化转变的势头；夫妻关系取代亲子关系成为家庭关系的轴心，妻子作为共同经营者在家庭事务决策方面与丈夫平等协商与交流。④科技的推动：科技所带来的村落产业结构、文化习俗、社会交往等均呈现出不同于传统的状态。

科学技术对乡村发展的影响最突出的表现在乡村产业的进步，它是推动乡村现代化进程的根本动力。最明显的变化是：新的社会组织与社会角色的出现；原有社会组织与社会角色的内涵发生了极大改变。这样一来，科技的普及

① 《农民日报》编辑部. 2012. 直面城乡结构转型的历史节点［N］. 农民日报，2012-05-11.

与革新不单是一个品种代替另一个品种的问题，其实质是在自给自足的传统农民经济和以市场为目的的大众化生产之间做出根本的选择，现代化理论告诉我们，选择后者是一个必然发展趋势。它会从各个方面（农机设备、化肥农药、新轮作制、农业技术员、合作组织等）包围、入侵传统的村落社会及其农业文明（牛耕铁犁、农家肥、男耕女织、民间信仰、父权家长制等），最终导致整个乡村社会分层系统和生产生活方式的改变。

四、村落共同体的命运

从全国情况来看，行政村（村民委员会）的数量1990年最多时达100多万个，此后数量明显减少，2000年有73万多个，2005年减少到不足63万多个，到2009年减少到了不足60万个①。现在在中国行政版图上，几乎每天都有约70个村落消失。据预测，我国到2014年城镇人口将首次超过乡村人口，到2020年城市化率将达到近60%，比现在提高近10个百分点，这意味着未来15年内将有约1.5亿农村人口转变为城市人口，因此大量的村落将走向终结②。在当前城乡统筹的背景下，村落共同体的命运已成为城乡关系研究领域的焦点话题。半个世纪以前的法国学者孟德拉斯曾指出："20亿农民站在工业文明的入口处：这就是20世纪下半叶当今世界向社会科学提出的主要问题"③。如今，这个问题摆到了中国人的面前。

中国版图上星罗棋布的村落将何去何从？本报告的研究结论是：乡村社会变迁是国家、市场、农业科技三股外力和农民自身力量相互作用的结果；国家的意愿很大程度上决定着村落的命运；在乡村与市场、乡村与国家、乡村与城市的关系上，农民农村农业依然处于关系的弱端。

市场力量通常敌视传统乡村及其共同体④，以科学技术为核心的现代农业往往具有"双刃剑"的性质。"现代农业的发展主要沿循工业化生产模式和商业化购销途径，依赖优势科技逐步扩大生产规模。其进程是：随着农业专业化的深入发展，农场雇佣劳动力渐次代替家庭劳动力；农业现代化提高了本地与全国乃至全球的农产品市场的联系，从而使现代农业生产成为全球农业分工的

①② 林聚任．2012．村庄合并与农村社区化发展［J］．人文杂志（1）：160．

③ ［法］孟德拉斯．2005．农民的终结［M］．李培林，译．北京：社会科学文献出版社．

④ 毛丹．2010．村落共同体的当代命运：四个观察维度［J］．社会学研究（1）：389－402．

一个部分或一个环节，进而出现以劳动力与资本投入回报的最大化为导向的现代农场；资本密集、劳动生产率高的大农场取代了劳动力密集、靠家庭成员从事农业生产的小型家庭农场，机械化农业耕作代替了传统农业活动；农场规模和农业经营范围的扩大促使农场逐渐增加与商业及市场导向的农业企业之间的联系，提高了农业生产效率及农场利润率，从而形成了农业专业化的主要激励机制；同时，现代市场结构也有助于农产品的集中以及在全国和国际市场上的销售，最后形成了以大型农业企业或企业集团参与市场竞争和利润分配的运行机制”①。这一进程虽然有利于经济效益的提高，但对乡村社区的衰落、乡村文化的解构、农民价值观念的转变等也具有一些负面的社会效应。在这种情况下，国家的态度对于村落变迁的前景就显得非常重要，尤其是对于中国这样一个自古以来就注重政府权力的国家来说，村落的命运很大程度上是由国家的主导与干预决定的。

这些年来，国家的干预呈现两个特点：一是态度上由矛盾徘徊到明朗清晰；二是方式上由“大跃进”式的激进到稳健的渐进。一方面，农业现代化进程中的村落巨变源于政府以市场化为导向的政策与做法，现代农业的生产经营使得生产效率大幅度提高的同时，也使得农业越来越丧失其独立性，日益受到来自全球化商品市场的支配，尤其是对于科技与资本的控制；单打独斗的小农在市场中明显处于弱势，既缺乏必要的资源与资本，又缺乏有效的组织来提高自身在市场中的谈判地位；市场化生产的主要目的是为了满足市场需求而赚取利润，在推动村落传统文化价值观向城市看齐时，也带来了不择手段、冷漠无情、金钱至上、信仰缺失等问题；市场力量在吸引大量农村劳动力流向城市的过程中，导致乡村劳动力的配置出现低技能化、高龄化与女性化的趋势，从而加速了村落社会的衰落。另一方面，国家综合运用法律、经济和行政手段对“三农”进行宏观调控，促使乡村的发展客观上有一个统一、开放、有序的市场体系。尤其是“进入新世纪以来，国家的整体发展思路更加清晰，即主张通过城乡一体化或城乡统筹的途径”②，在“三农”之外的体制性问题上寻求解决方案③，主张通过推动农业现代化，重视对乡村公共服务的供给，以解决城

---

① S. Dasgupta. 2001. Rural Canada: Rural Sociological Perspectives, Lewiston, Queenston[M]. Lampeter: Edwin Mellen Press.

② 陈锡文 . 2009. 当前农村改革发展的形势和总体思路 [J]. 浙江大学学报（人文社科版）(4): 5-10.

③ 吴晓娟 . 2003. “三农”问题：现状、原因及政府相关政策选择 [J]. 农业经济问题 (7) .

乡差距问题[①]。这种思路将乡村社会变迁放在“城市—乡村”的框架内进行，案例中的西村只是处在连续变迁序列中的某个位置。如此说来，城乡关系既不是单向的“摊大饼”式的城市吃掉农村，也不是传统的城乡隔离做法，而是建立一个有机联系城市与农村的衔接带。它在内涵上包括两个方面：一是客观承认城乡之间在收入、教育、医疗、养老、社保等方面存在差异，力求通过体现公正的社会政策，道路、通讯、电气等基础设施的建设，公共服务的供给逐渐使之均等化；二是重视“生产发展、村容整洁、管理民主、生活富裕、乡风文明”的新农村建设与现代农业的发展，一方面重新肯定村落在现代化进程中存续的文化价值与焕发社会生机的可能，另一方面以现代农业促进新型产业聚集，汇集资本、科技、劳力等要素，进而发展成为一座新城镇。这是一个双向、双轨的城市化发展模式，使得城乡之间在资源、功能、文化上互相促进、互相融合、相互认同，最终实现工业化、城镇化、信息化与农业现代化四化同步发展。

如果国家将乡村社会变迁放在“城市—乡村”的框架内考虑，接下来的问题就是变迁方式选择激进还是渐进？变迁态度是主动还是被动？我们认为，乡村变迁将是一个长期的动态分化过程。如果先期以政府为主导拉动的变迁最终没有转化为市场化、城市化、工业化与现代化齐头并进的内生型发展，那么伴随而来的风险将会悉数落到弱势的农民头上，业已存在的城乡差距将会继续扩大，一系列的利益摩擦与矛盾冲突将不可避免。调查中我们发现，村落变迁的三种类型中（巨变型、渐变型、不变型），情况最好的是渐变型村落。在家务农的中老年人，经营着适量规模的土地，农业实现了现代化生产与多种经营，专业化与标准化已见雏形，生产效率和收入水平大大提高。在大棚的采光带上种些蔬菜，省去了日常买菜的费用。在外务工的年轻人，月收入基本上能够自己开销，情况好的还可以减轻家庭在盖房、结婚、弟妹上学等方面的开支，或是将来选择定居城市。这样，农户一年到头能够拥有来自“工”与“耕”两大块的收入，形成了“父耕子工”的家庭经济模式。更为重要的是，该模式对于小农来说既能最大程度地规避风险（即使出现变故，也有退路），也能理性算计追求利润最大化。加之在城乡统筹背景下日渐缩小的差距，生活在乡村拥有的是一份田园牧歌般的安然心态，我们看到的是一片充满希望与生机的田野。

现代化在乡村中的扩张特性，首先表现为空间上的扩张，即村落—村际—

① 陈锡文．2003. 城乡统筹解决“三农”问题 [J]. 改革与理论（3）.

区域社会—全球化过程，倾向于涵盖更大的地理区域；深度上的扩张则是指现代性延伸到了日常生活中最细微最私密的领域，如夫妻关系、消费品位、休闲方式等。扩张的同时带来横向联系上的弱化，农民间的换工互助逐渐市场化、彼此间的情感联系趋于淡化，“城市化”的生活方式与“工业化”的生产方式开始在村落中显现；长期以来供奉的土地神不见了踪影，取而代之的是财源广进的关帝；农业生产越来越多地受到消费者需求和市场变化的支配，而且这种支配将长期经受科技革新和经济趋势的影响。面对这些变化与挑战，我们认为，西村的实践对当前国家的农村与农业政策具有一定的启示意义：第一，对于“有条件”的村落引导其自然走向终结，并入一个设施齐全、功能齐备的小城镇，“无条件”的村落继续保持原有风貌。但无论是哪种情况，都应在生活方式上远不像20年前那样与城市差距悬殊，多数农户拥有高档电子产品或小汽车等物品，便利的交通和发达的通讯将乡村—小城镇—城市连接成一张大网，即便是生活在乡村也享有和城市一样的物质条件和舒适环境，实现“不进城的城市化”。国家对于统筹城乡需要意识到的是，不必急功近利地将“无条件”的村落瞬间转变为整齐划一、钢筋混凝土式的高楼大厦，不必让农民一夜之间全部“上楼”。在这方面，孟德拉斯总结的法国农村社会变迁对我们具有启示意义，他说，“农民的终结”并不是“农业的终结”或“乡村生活的终结”，而是“小农的终结”。在他看来，从“小农”到“农业生产者”或“农场主”的变迁，是一次巨大的社会革命①。中国的情况是：“小农”正在转变为一种职业；中国乡村重新焕发生机，在外部力量与内部动力之间找到了一个充满张力的空间，即乡村通过主动建构，在与外部大社会诸多系统之间日益加强联系的同时，其“内聚力”与“自主性”也有所强化；农业的历史传承、生态保护、文化教育、社会保障等方面的多功能性正在适时体现。因此，只要我们持续的开展农村社会建设，就可以实现“新共同体”的目标，即，通过创设城乡均等的、舒适的生活环境，提高居民的幸福指数，凝聚一个“生活共同体”；通过居民之间的相互体恤及互动交往，凝聚同呼吸共命运的“我们感”，建设一个“社会共同体”；通过价值观的凝练与道德意识的规范，建设一个“文化共同体”；通过绿色环保的现代农业生产，提高农民的收入水平，建设一个“经济共同体”。第二，目前在城市化、工业化和市场经济深入发展与土地制度没有发生根本变化的情况下，中国农村普遍存在的小农家庭经济模式将会持续

① ［法］孟德拉斯．2005．农民的终结［M］．李培林，译．北京：社会科学文献出版社：2.

维系相当长的一段时间。在既定格局下如何规避小农家庭经营模式的市场风险、社会风险与自然风险？如何使得小农家庭农业的组织化程度提高以及密切与其他产业的关联度？怎样使其对于村庄的影响趋于良性？为了应对这一长期变动，趋向于成熟的理性小农需要积极地以行动做出回应，如，使用良种、化肥、农药、灌溉等现代生产要素或购买社会化的农业机械服务等，把家庭分散经营的优势及多元化农业服务的优势结合起来，形成有活力的农业经营体制。另一方面，需要来自国家的扶持。今后国家在致力于农业现代化与产业化发展的同时，一是注重小农家庭生产条件的改善，如，通过低息贷款、农田水利设施的完善、保护性农业价格政策引导农民从事多种经营、适度规模经营和强化彼此间的合作；二是考虑在体制、机制、物流、农资等方面营造一个好的经营环境；三是逐步完善农民的市场主体地位。开创一场由变革“技术结构”始，至变革“社会结构”终的历史性事业。

第八章　拓展性讨论

一、一个总结

通过以上的考察与研究，我们得出的结论是：

第一，研究成果揭示出乡村社会变迁历程是传统乡村的自身机制与现代化之间相互渗透、融合与互补的过程；是国家、市场、农业科技自上而下与村民自下而上积极回应和主动建构的进程。在这一过程中，国家力量起到主导作用，但这种主导也是有限的，受到诸如乡村传统、利益结构方面的制约。随着市场经济的逐步健全，国家力量将逐步回撤，各种社会组织将应运而生。

第二，农业科学技术和村落社会的互构是在多次反复的互动中逐渐建构起来的。村落因为农业科技的刚性而产生结构重组，与此同时，建构中的农业科技也因某些社会因素的影响而被创造性转换。在这种意义上，可以说，一项技术不仅改变了一个地区的社会结构，而且人们的精神面貌也将随之发生变化。

第三，社会基础的变化为农业现代化发展提供了生长的土壤和空间。60多年前，费孝通在《乡土中国》一书中指出，乡土社会的本色是封闭、不流动、自给自足、长老统治、血缘和地缘合一、行政权力控制薄弱。今天，“半熟人社会”、“隐性的农业革命”、“四化同步发展”的显现，预示着以工促农、以城带乡的一体化进程正在形成。本研究从人口流动、土地流转、惠农政策等方面展现了当前农业现代化发展的社会基础。

第四，一项来自于科研机构的农业技术怎样传递到使用者手中？专家学者、技术精英分别扮演什么角色？本研究分别从两个层面探析了农业科技的运作机制：科技的政治化运作、市场化运作、工业化逻辑构成农业科技的运行逻辑；具有异质性的科学技术想要进入村落，需要经过认同→接受→消化→吸纳→内化的微观上的实践过程。村落成为了农业科技运作逻辑与运作机制的交接碰撞地带。

第五，本研究以大棚生产为例，对农业变迁与农民分化进行了分析。指出原来高度同质的农民群体随着农业功能的不断拓展、岗位环节不断增多，专业化、精细化的程度越来越高，先后分化出农资经营者、代办、大棚生产者、大棚雇工、技术员和农民企业家六类从业人员，中间阶层迅速壮大，农村社会结构倾向于橄榄形的理想状态。这种现实与法国社会学家涂尔干的经典判断“现代化意味着社会分工的发展”相符合。

第六，本研究探讨了专家教授→农民技术员→广大农民的科技传播机制。尤其是农民技术员这一中介环节，懂得地方性知识的运用，能够将“高深知识”转换为村民易接受的通俗易懂的语言，是科技传播机制有效性的重要保障。同时，还探讨了领先者、追随者、落后者三种不同类型受者的行为特征，较早起步的领先者经常进行示范，使得后来者可以根据结果做出判断。一小部分人的领先与一大部分人的模仿确保了前进的活力与空间。

二、进一步的思考

法国著名社会学家孟德拉斯在其专著《农民的终结》中指出：“一个社会包括三个方面：一是社会的农学知识以及该社会掌握的工具和技术，二是社会所处的自然环境，三是社会本身的结构”。自然科学工作者对于前两个方面的研究已经取得了突破性进展。作为社会科学工作者，感兴趣的则是上述三个方面之间的结构性和相互性关系，即，想要探究的是科学技术这一生产力在特定区域环境中，导致传统村落在内容、层次、速度、方向、动力、结果等方面所发生的现代转型。

村落社会变迁的内涵，是指社会结构和社会功能的更替过程，既包括经济发展，也包括社会结构、价值观念、制度规范、行为方式等诸多方面的变革。本研究首先探析目前农业科学技术应用的社会基础发生了哪些变化？农业科技在宏观层面的运作逻辑？微观层面上又是如何从科技进入→科技的获得与传播→科技的交流与更新？其次，揭示科学技术应用的社会影响。迪尔凯姆非常强调的一个概念是“社会事实”，而乡村中观察社会事实的一个很重要的视角就是日常生活。通过真实“深描”揭示乡村日常生活世界长久以来形成的村落秩序、生产方式、价值观念等在现代农业科技的冲击下面临怎样的解构和重构？村落和村民将以一种什么样的方式来解读和吸纳现代文明？再次，探讨对乡村社会内部结构产生影响的外部因素，即乡村与市场、乡村与国家以及乡村与科技的互动关系，进一步阐述乡村社会变迁的驱动力；乡土社会环境中，农民是否主动建构着自身的微观生活世界和外在的宏观生活世界；“传统与现代”

裂变中的乡村发展趋势等问题。以此将乡村社会变迁过程细化为区域类型下的村落变迁过程，将乡村社会变迁的宏大命题微观化与具体化。

村落社会变迁的层面，既可以被看成是发生在宏观层面，也可以是微观层面，相应的研究问题就是："不同层面上发生的变迁是如何相互联系的？即微观事件的宏观影响是什么？宏观事件的微观影响是什么"？"社会变迁以个体行动者为中介。因此，结构变迁理论必须说明宏观变量如何影响个人的动机和选择，并要反过来说明这些选择如何改变宏观变量"[①]。本研究探讨的是，在工业化、城镇化、市场化以及大规模社会流动的宏观背景下，以农业科学技术为"索引"，具体分析微观层面上的村落所变生的巨变。即研究思路是，农业科技应用的社会基础—农业科技的运作机制—农业科技的社会影响。另一方面，本研究没有沿袭学界惯常的从政治、经济、社会、宗族等方面来讨论村落变迁的分析框架，而是沿着个体—家庭—村落—区域社会的逻辑脉络，运用社会学的"质性研究"方法，辅之以问卷调查，在自然情境下，对个人的"日常生活"以及社会组织的日常运作进行研究，并对被研究者的生活故事和意义建构做出解释。这一方法既避免了割裂作为一个完整的生活共同体的村落之嫌疑，也可以动态地从描述个体开始，扩展到初级群体，直至辐射整个社会领域。

关于村落社会变迁的结果，既有量变过程中"事件"的累积，也有累积到临界值的质变。这一过程历经同质性到异质性，简单到复杂，散乱到整合。如果将传统与现代看作是一个连续谱的话，量变是从一个点到另一个点的"靠近"现代化，村落变迁的历程既不是一蹴而就的即刻消失，也不是简单的二元割裂，需要经历断裂、延续、再造、创新的过程，本土传统或许可以融入或被用来构建现代化的新传统。也就是说，传统本身蕴涵了一些我们这个社会所需要的因素，通过发现"现代化的传统"，继而利用传统以满足现代社会变迁中的一些特殊需求。传统的自身机制与农业现代化过程之间的相互渗透可以看做是传统村落在现代社会中的生存逻辑[②]。

对于村落社会变迁的驱动力，需要研究的是动力来自于内部还是外部？如果来自内部的话，是变迁现实本身内在的潜能、倾向或趋势；如果来自于外

① ［波］彼得什托姆普卡．2011．社会变迁的社会学［M］．林聚任，等，译．北京：北京大学出版社：7．

② 李培林．2004．我研究"村落终结"的方法［J］．思想战线（1）．

部，则是对外在压力、刺激和挑战的回应。本研究认为，村落变迁的驱动力主要来自于外部的国家、市场和科学技术，对于推动传统村落摆脱固有惯性和稳定性十分重要。但是，三大驱动力最初是较为生硬的“嵌入”村落，“规划变迁”带有一定的强制性，打破了村落原有的均衡状态，某种程度上表现出不适或是对接障碍。例如，在农业政策决策的过程中，除了惯有的各级政府官员外，还有新成员的加入，如农业方面的专家教授与推广人员，但是，看不到农业生产的主体——广大农民的身影，他们依然是被动地接受现代化。随着国家与村落、市场与村落、科技与村落等各种关系的逐步圆通与顺畅，农民开始清楚地知道自己的需要，可以“选择”变迁了，三大驱动力则由“嵌入”村落转化为“融入”村落，来自外部的力量逐渐演变为良性互动的变迁内力。

村落社会变迁的类型，可以将其分为三种：巨变型、渐变型、不变型。巨变型是指变迁的速度非常之快，变迁的内涵极其丰富，以至于社会系统短时间内无法适应，甚至出现不均衡发展或无组织的状态。改革开放以来东南沿海一带大中城市内的“城中村”或近郊村落，因为城市扩张使得土地价格飙升，传统村民失去土地，日进斗金，生产和生活方式转瞬发生了质的变化，由原先典型的自给自足的农民，变成了在市场经济中打拼的个体工商户，在社会形态上主要以突变的方式卷入城市化、非农化浪潮，李培林笔下的羊城村就是其典型代表。巨变型村落的未来走向是融入城市，由原先的农村社区转变为城市社区。这种转变对于农民来讲，是拉力大于推力、主动大于被动、得大于失；渐变型主要是指那些地处中西部地区，依然从事农业生产、基础设施较为落后、创业或就业机会较少、市场规模较小的小城市（镇）近郊的村落。其变迁速度与社会系统之间相互适应，处于动态的均衡状态。但由于小城市（镇）特有制约因素的限制，该类型的村落也会出现一些不协调的社会问题。我们笔下的西村属于渐变中的农业型村落，由于同时受到现代化、城市化、市场化的多重影响，村落变迁的内涵更加丰富，业已显现的发展趋势是农民居住在城镇社区，生产在乡村；不变型是指那些远离城镇的村落，没有任何外在新思想与新技术的输入，变迁的速度非常缓慢，祖辈的经验仍然可以指导现今的劳作，整个社会系统处于稳定的状态。年轻人在强大的推力作用下“倾巢而出”，村里只剩下“386199 部队”，呈现凋敝的“空疏化”状态，其未来可能的发展趋势是农村基础设施与农村社区功能的“城市化”。三种村落类型在空间与时间上呈现梯度变迁的特征，究竟倾向于哪种类型？我们认为，取决于变迁类型是否有利于地方社会系统的适应，如果适应，一定程度上说明变迁是合理的。

村落社会变迁的方向，“一些是由大量的个体行动产生的非意向且常常未被意识到的结果形成……称为自发的自下形成。有些是有意向、有目的的追求一些目标而形成的，是由具备一定力量的能动者设计和控制的，称为有计划的自上实施”[①]。本研究的结论是，在乡土社会环境中，一方面，自上而下与自外而内的国家、市场与科技不断形塑着村落变迁的方向，引领着传统与现代序列中裂变着的村落的发展趋势，以及村落自身所拥有资源与能量的发酵，诸如劳动力资源、自然资源、区位优势等；另一方面，自下而上与自内而外的村落与村民不是被动的接受者，而是主动建构着自身的微观生活世界和外在的宏观生活世界。当分散的个体行动呈现累积性与联合性效应时，这种建构也会影响到国家、市场和科技的有序运行和协调发展。二者之间互为基础、相辅相成，形成互构的态势。

① ［波］彼得什托姆普卡．2011．社会变迁的社会学［M］．林聚任，等，译．北京：北京大学出版社：23.

参 考 文 献

一、书籍

安东尼·吉登斯.2000. 现代性的后果［M］. 南京：译林出版社.

安东尼·吉登斯.1998. 社会的构成［M］. 李康，李猛，译. 北京：生活·读书·新知三联书店.

埃弗里特·M·罗吉斯.1988. 乡村社会变迁［M］. 王晓毅，王地宁，译. 杭州：浙江人民出版社.

阿格妮丝·赫勒.1990. 日常生活［M］. 衣俊卿，译. 重庆：重庆出版社.

彼得什托姆普卡.2011. 社会变迁的社会学［M］. 林聚任，等，译. 北京：北京大学出版社.

鲍尔·费思.1995. 农业政策与可持续性——印度、智利、菲律宾及美国的实例研究［M］. 程伟雪，梁思萃，等，译. 北京：中国环境科学出版社.

波金斯.2005. 发展经济学［M］. 北京：中国人民大学出版社.

蔡昉.2007. 穷人的经济学：农业依然是基础［M］. 北京：社会科学文献出版社.

曹锦清.2001. 黄河边的中国［M］. 上海：上海文艺出版社.

曹锦清.2010. 如何研究中国［M］. 上海：上海人民出版社.

陈吉元，胡必亮.1996. 当代中国的村庄经济与村落文化［M］. 太原：山西经济出版社.

塞缪尔·P. 亨廷顿.1989. 变化社会中的政治秩序［M］. 北京：生活·读书·新知三联书店.

仓桥重史.2008. 技术社会学［M］. 王秋菊，陈凡，译. 沈阳：辽宁人民出版社.

丹尼尔·哈里森·葛学溥.2012. 华南的乡村生活：广东凤凰村的家族主义社会学研究［M］. 周大鸣，译. 北京：知识产权出版社.

杜赞奇.2008. 文化、权力与国家：1900—1942 年的华北农村［M］. 王福明，译. 南京：江苏人民出版社.

斐迪南·滕尼斯.2010. 共同体与社会［M］. 北京：北京大学出版社.

弗里曼，毕克伟，塞尔登.1991. 中国的乡村，社会主义的国家［M］. 陶鹤山，译. 北京：社会科学文献出版社.

费孝通.2008. 江村经济［M］. 北京：人民出版社.

费孝通.2005. 乡土中国　生育制度［M］. 北京：北京大学出版社.

费孝通，张之毅.1990. 云南三村［M］. 天津：天津人民出版社.

费正清．2008. 中国：传统与变迁［M］. 长春：吉林出版集团有限责任公司．
郭于华．2000. 仪式与社会变迁［M］. 北京：社会科学文献出版社．
郭正林．2005. 中国农村权力结构［M］. 北京：中国社会科学出版社．
韩丁．1980. 翻身——中国一个村庄的革命纪实［M］. 北京：北京出版社．
侯建新．2002. 农民、市场与社会变迁——冀中 11 村透视与英国乡村比较［M］. 北京：社会科学文献出版社［M］.
黄平，王晓毅．2011. 公共性的重建：社区建设的实践与思考［M］. 北京：社会科学文献出版社．
胡荣．2001. 理性选择与制度实施——中国农村村民委员会选举的个案研究［M］. 上海：上海远东出版社．
黄树民．2002. 林村的故事：1949 年后的中国农村革命［M］. 素兰·纳日碧力，译．2002. 北京：生活·读书·新知三联书店．
贺雪峰．2003. 新乡土中国［M］. 桂林：广西师范大学出版社．
贺雪峰．2013. 小农立场［M］. 北京：中国政法大学出版社．
何显明．2008. 市场化进程中的地方政府行为逻辑［M］. 北京：人民出版社．
黄宗智．2000. 华北的小农经济与社会变迁［M］. 北京：中华书局．
黄宗智．2000. 长江三角洲小农家庭与乡村发展［M］. 北京：中华书局．
黄宗智．2010. 中国的隐形农业革命［M］. 北京：法律出版社．
吉尔兹．2000. 地方性知识［M］. 北京：中央编译出版社．
金观涛，刘青峰．2011. 兴盛与危机［M］. 北京：法律出版社．
金观涛，刘青峰．2011. 开放中的变迁［M］. 北京：法律出版社．
金耀基．1999. 从传统到现代［M］. 北京：中国人民大学出版社．
李丹．2009. 理解农民中国：社会科学哲学的案例研究［M］. 张天虹，张洪云，张胜波，译．南京：江苏人民出版社．
卢福营．2000. 农民分化过程中的村治［M］. 海口：南方出版社．
梁宏贤．2011. YL 现代农业发展的时间与探索［R］.
李培林．2004. 村落的终结：羊城村的故事［M］. 北京：商务印书馆．
李强．2002. 转型时期的中国社会分层结构［M］. 哈尔滨：黑龙江人民出版社．
李景汉．2005. 定县社会概况调查［M］. 上海：上海人民出版社．
卢良恕．2003. 农业科技与发展［M］. 石家庄：河北教育出版社．
梁漱溟．1991. 梁漱溟全集第二卷：乡村建设理论［M］. 济南：山东人民出版社．
梁漱溟．2005. 中国文化要义［M］. 上海：上海人民出版社．
陆学艺，王春光．1998. 中国农村现代化道路研究［M］. 南宁：广西人民出版社．
陆学艺．1992. 改革中的农村与农民：对大寨、刘庄、华西等 13 个村庄的实证研究［M］. 北京：中共中央党校出版社．

陆学艺 . 2001. 内发的村庄［M］. 北京：社会科学文献出版社 .
林毅夫 . 1992. 制度、技术与中国农业发展［M］. 上海：三联书店 .
林耀华 . 2000. 义序的宗族研究［M］. 北京：三联书店 .
林耀华 . 2008. 金翼：中国家族制度的社会学研究［M］. 北京：三联书店 .
李银河 . 2003. 李银河文集：生育与村落文化 一爷之孙［M］. 北京：文化艺术出版社 .
陆益龙 . 2010. 农民中国——后乡土社会与新农村建设研究［M］. 北京：中国人民大学出版社 .
蓝宇蕴 . 2005. 都市里的村庄——一个“新村社共同体”的实地研究［M］. 北京：三联书店 .
毛丹 . 2000. 一个村落共同体的变迁——关于尖山下村的单位化的观察与阐释［M］. 上海：学林出版社 .
默顿 . 2006. 社会理论和社会结构［M］. 唐少杰，齐心，等，译 . 南京：译林出版社 .
孟德拉斯 . 2005. 农民的终结［M］. 李培林，译 . 北京：社会科学文献出版社 .
明恩溥 . 2006. 中国乡村生活［M］. 北京：中华书局 .
梅方权 . 1994. 中国农业重大技术方向的选择［M］. 北京：中国农业科技出版社 .
马克・布洛赫 . 1991. 法国农村史［M］. 余中先，译 . 北京：商务印书馆 .
马克斯・韦伯 . 1987. 新教伦理与资本主义精神［M］. 上海：商务印书馆 .
马克斯・韦伯 . 2010. 经济与社会［M］. 上海：上海人民出版社 .
莫里斯・弗里德曼 . 2000. 中国东南的宗族组织［M］. 刘晓春，译 . 上海：上海人民出版社 .
马若孟 . 1999. 中国农民经济：1890—1949 年河北和山东的农业发展［M］. 史建云，译 . 南京：江苏人民出版社 .
牛若峰，夏英 . 2000. 农业产业化经营的组织方式和运行机制［M］. 北京：北京大学出版社 .
涂尔干 . 2000. 社会分工论［M］. 渠敬东，译 . 北京：三联书店 .
齐格蒙特・鲍曼 . 2003. 共同体［M］. 欧阳景根，译 . 南京：江苏人民出版社 .
秦红增 . 2005. 桂村科技——科技下乡中的乡村社会研究［M］. 北京：民族出版社 .
恰亚诺夫 . 1996. 农民经济组织［M］. 北京：中央编译出版社 .
施坚雅 . 1998. 中国农村的市场和社会结构［M］. 史建云，徐秀丽，译 . 北京：中国社会科学出版社 .
孙立平 . 2004. 断裂与转型：改革以来中国社会结构的便签［M］. 北京：清华大学出版社 .
孙立平 . 2010. 现代化与社会转型［M］. 北京：北京大学出版社 .
孙晓莉 . 2001. 中国现代化进程中的国家与社会［M］. 北京：中国社会科学出版社 .
塔尔科特・帕森斯 . 2008. 社会行动的结构［M］. 张明德，等，译 . 南京：译林出版社 .
王沪宁 . 1991. 当代中国村落家族文化：对中国社会现代化的一项探索［M］. 上海：上海人民出版社 .
威廉・费尔丁・奥格本 . 1989. 社会变迁——关于文化和先天的本质［M］. 王晓毅，陈育国，译 . 杭州：浙江人民出版社 .

威廉·韩丁 . 1980. 翻身：一个中国村庄的革命纪实 [M]. 韩倞，等，译 . 北京：北京出版社 .
王铭铭 . 1997. 社区的历程：溪村汉人家族的个案研究 [M]. 天津：天津人民出版社 .
王铭铭 . 1997. 村落视野中的文化与权力：闽台三村五论 [M]. 北京：三联书店 .
吴毅 . 2002. 村治变迁中的权威与秩序——20 世纪川东双村的表达 [M]. 北京：中国社会科学出版社 .
吴志行 . 2001. 设施农业 [M]. 南京：江苏科学技术出版社 .
西奥多·舒尔茨 . 2006. 改造传统农业 [M]. 北京：商务印书馆 .
萧凤霞 . 1989. 华南的代理人与受害者：乡村革命的协从 [M]. 纽黑文：耶鲁大学出版社 .
徐浩 . 2002. 农民经济的历史变迁——中英乡村社会区域发展比较 [M]. 北京：社会科学文献出版社 .
谢立中，孙立平 . 2002. 二十世纪西方现代化理论文选 [M]. 上海：三联出版社 .
许平 . 2001. 法国农村社会转型研究 [M]. 北京：北京大学出版社 .
肖唐镖，李昌金 . 2005. 中国乡村报告 [M]. 上海：学林出版社 .
徐勇 . 2001. 乡土中国的民主选举——农村村民委员会选举研究文集 [M]. 武汉：华中师范大学出版社 .
徐勇 . 2000. 中国农村村庄治理——22 个村庄的调查与比较 [M]. 武汉：华中师范大学出版社 .
薛毅 . 2008. 乡土中国与文化研究 [M]. 上海：上海书店出版社 .
杨建华 . 2006. 村落的技术 [M]. 北京：社会科学文献出版社 .
于建嵘 . 2001. 岳村政治——转型期中国乡村政治结构的变迁 [M]. 北京：商务印书馆 .
英克尔斯 . 1992. 从传统人到现代人：六个发展中国家中的个人变化 [M]. 北京：中国人民大学出版社 .
YL 地方志编写委员会 . 2004. YL 地方志 [M]. 西安：西安地图出版社 .
杨懋春 . 2001. 一个中国村庄：山东省台头 [M]. 南京：江苏人民出版社 .
杨懋春 . 1970. 近代中国农村社会之演变 [M]. 台北：巨流图书公司 .
伊莎白·柯鲁克，大卫·柯鲁克 . 2007. 十里店：中国一个村庄的革命 [M]. 龚厚军，译 . 上海：上海人民出版社 .
杨善华 . 2008. 城乡日常生活 [M]. 北京：社会科学文献出版社 .
苑书义，董丛林 . 2001. 近代中国小农经济的变迁 [M]. 北京：人民出版社 .
杨万江，徐星明 . 2001. 农业现代化测评 [M]. 北京：社会科学文献出版社 .
阎云翔 . 2000. 礼物的流动 [M]. 李放春，刘瑜，译 . 上海：上海人民出版社 .
阎云翔 . 2009. 私人生活的变革：一个中国村庄里的爱情、家庭与亲密关系 [M]. 上海：上海书店出版社 .
周大鸣 . 2006. 凤凰村的变迁：华南的乡村生活 [M]. 北京：社会科学文献出版社 .
张德友，翟印礼 . 2007. 法与农村社会变迁 [M]. 北京：人民出版社 .

张厚安，徐勇，项继权，等 . 2001. 中国农村村级治理——22 个村的调查与比较 [M]. 武汉：华中师范大学出版社 .
郑杭生 . 1997. 当代中国社会结构和社会关系研究 [M]. 北京：首都师范大学出版社 .
张静 . 2007. 基层政权：乡村制度诸问题 [M]. 上海：上海人民出版社 .
张静 . 2006. 现代公共规则与乡村社会 [M]. 上海：上海书店出版社 .
庄孔韶 . 2000. 银翅：中国的地方社会与文化变迁 [M]. 北京：三联书店 .
张乐天 . 2005. 告别理想：人民公社制度研究 [M]. 上海：上海人民出版社 .
张乐天，陆洋 . 2010. 生存性智慧、技术与乡村社会变迁——以浙北农村为例 [EB/OL]. http：//news. fudan. edu. cn/2010/0621/24992. html[2010 - 06 - 21] .
张鸣 . 1997. 乡土心路八十年——中国近代化过程中农民意识的变迁 [M]. 上海：三联书店 .
詹姆斯・斯科特 . 2001. 农民的道义经济学：东南亚的反叛与生存 [M]. 程立显，刘建，等，译 . 南京：译林出版社 .
詹姆斯・C. 斯科特 . 2011. 弱者的武器 [M]. 郑广怀，等，译 . 南京：译林出版社 .
詹姆斯・C. 斯科特 . 2011. 国家的视角——那些试图改善人类状况的项目是如何失败的 [M]. 王晓毅，译 . 北京：社会科学文献出版社 .
朱启臻 . 2009. 农业社会学 [M]. 北京：社会科学文献出版社 .
张思 . 2005. 近代华北村落共同体的变迁 [M]. 北京：商务印书馆 .
赵世瑜 . 2006. 大历史与小历史 [M]. 北京：三联书店 .
周晓虹 . 1998. 传统与变迁 [M]. 北京：三联书店 .
折晓叶 . 2009. 村庄的再造——一个超级村庄的社会变迁 [M]. 北京：中国社会科学出版社 .
折晓叶，陈婴婴 . 2009. 社区的实践——超级村庄的发展历程 [M]. 杭州：浙江人民出版社 .

二、期刊

陈柏峰 . 2007. 农民价值观的变迁对家庭关系的影响——皖北李圩村的调查 [J]. 中国农业大学学报（社会科学版）（1）.
陈柏峰 . 2011. 熟人社会：村庄秩序机制的理想型探究 [J]. 社会（1）.
陈锡文 . 2009. 当前农村改革发展的形势和总体思路 [J]. 浙江大学学报（人文社科版）（4）.
陈锡文 . 2003. 城乡统筹解决三农问题 [J]. 改革与理论（3）.
曹锦清 . 2002. 小农的出路 [J]. 理论参考（2）.
费孝通 . 1982. 论中国家庭结构的变动 [J]. 天津社会科学（3）.
费孝通 . 1983. 家庭结构变动中的老年赡养问题——再论中国家庭结构的变动 [J]. 北京大学学报（哲学社会科学版）（3）.
费孝通 . 1986. 三论中国家庭结构的变动 [J]. 北京大学学报（哲学社会科学版）（3）.
冯燕，张红 . 2012. 农业技术在村落变迁中的作用——基于陕西杨村的实证研究 [J]. 中国农学通报（1）.

公风华．2008. 论农民精英的企业家精神［J］. 企业家天地（8）．
桂华．2011. 城市化与乡土社会变迁研究路径探析——村落变迁区域类型建构的方法［J］. 学习与实践（11）．
国家统计局农村司．2010. 2009 农民工监测调查报告［R］.
郭于华．2001. 代际关系中的公平逻辑及其变迁——对河北农村养老事件的分析［J］. 中国学术（4）．
郭于华．2002. “道义经济”还是“理性小农”——重读农民学经典论题［J］. 读书（1）．
黄陵东．2003. 西方经典社会变迁理论及其本土启示［J］. 东南学术（6）．
黄季焜．2010. 六十年中国农业的发展和三十年改革奇迹——制度创新、技术进步和市场改革［J］. 农业技术经济（1）．
黄鹏进．2006. 农民经济行为的文化逻辑——兼读《农民的道义经济学：东南亚的反叛与生存》［J］. 中国农村观察（1）．
贺雪峰，仝志辉．2002. 论村庄社会关联——兼论村庄秩序的社会基础［J］. 中国社会科学（3）．
黄盈盈，潘绥铭，王东．2008. 定性调查：“求同法”、“求异法”与“求全法”的不同性质［J］. 中国人民大学学报（4）．
黄忠怀．2005. 20 世纪中国村落研究综述［J］. 华东师范大学学报（哲学社会科学版）（3）．
黄宗智，彭玉生．2007. 三大历史性变迁的交汇与中国小规模农业的前景［J］. 中国社会科学（4）．
黄宗智．2012. 小农户与大商业资本的不平等交易：中国现代农业的特色［J］. 开放时代（3）．
黄宗智．2006. 中国农业面临的历史性契机［J］. 读书（10）．
金榜．1986. 农村职业分化状况及其影响［J］. 社会学研究（3）．
孔祥智，何安华．2011. 城乡统筹与农业增长方式转变：2001—2010 年的中国农业政策［J］. 教学与研究（2）．
李国庆．2005. 关于中国村落共同体的论战——以“戒能—平野论战”为核心［J］. 社会学研究（6）．
林聚任．2012. 村庄合并与农村社区化发展［J］. 人文杂志（1）．
李昆，傅新红．2001. 重释农业合作社存在与发展的内在动因［J］. 农村经济（1）．
李培林．2004. 我研究“村落终结”的方法［J］. 思想战线（1）．
李强．2005. 倒“丁”字形社会结构与结构紧张［J］. 社会学研究（3）．
李善峰．2004. 20 世纪的中国村落研究——一个以著作为线索的讨论［J］. 民俗研究（3）．
陆学艺，张厚义．1989. 重新认识农民问题——十年来中国农民的变化［J］. 社会学研究（6）．
林毅夫．1988. 小农与经济理性［J］. 中国农村观察（3）．
兰友林．2004. 村落研究：解说模式与社会事实［J］. 社会学研究（1）．
刘玉照．2002. 村落共同体、基层市场共同体与基层生产共同体——中国乡村社会结构及其

变迁 [J]. 社会科学战线 (5).

毛丹 . 2010. 村落共同体的当代命运：四个观察维度 [J]. 社会学研究 (1).

2012 年国家支持粮食增产农民增收的政策 [J]农家之友，2012(5).

农业部公布科技对农业的贡献率已达 50%[J]. 农村实用技术 2009(11)

秦晖 . 1999. 传统中国社会的再认识 [J]. 战略与管理 (6).

申端锋 . 2007. 农民合作的想象与现实 [J]. 读书 (9).

S. Dasgupta. 2001. Rural Canada：Rural Sociological Perspectives，Lewiston[M]. Queenston [M]. Lampeter：Edwin Mellen Press.

孙立平 . 2002. 实践社会学与市场转型过程分析 [J]. 中国社会科学 (5).

孙庆忠 . 2003. 都市化与农民的终结——广州南景村经济变迁研究 [J]. 中国农业大学学报 (社会科学版) (2).

仝志辉 . 2002. 农民选举参与中的精英动员 [J]. 社会学研究 (1).

王绍光 . 2008. 大转型：1980 年代以来中国的双向运动 [J]. 中国社会科学 (1).

王跃生 . 2011. 中国家庭代际关系的维系、变动和趋向 [J]. 江淮论坛 (2).

王跃生 . 2012. 城乡养老中的家庭代际关系研究——以 2010 年七省区调查数据为基础 [J]. 开放时代 (2).

吴晓娟 . 2003. "三农"问题：现状、原因及政府相关政策选择 [J]. 农业经济问题 (7).

徐晓军 . 2009. 内核—外围：传统乡土社会关系结构的变动——以鄂东乡村艾滋病人社会关系重构为例 [J]. 社会学研究 (1).

徐勇 . 2011. 论农业生产能力与农户生产能力提高的非均衡性——以社会化小农为分析视角 [J]. 江汉论坛 (8).

徐勇，邓大才 . 2006. 社会化小农：解释当今农户的一种视角 [J]. 学术月刊 (7).

杨建华 . 2002. 日常生活：中国村落研究的一个新视角 [J]. 浙江学刊 (4).

杨念群 . 2006. 亲密关系变革中的私人与国家 [J]. 读书 (10).

苑鹏 . 2001. 中国农村市场化进程中的农民合作组织研究 [J]. 中国社会科学 (6).

杨善华 . 2002. 日常生活：中国村落研究的一个新视角 [J]. 浙江学刊 (4).

杨善华，孙飞宇 . 2005. 作为意义探究的深度访谈 [J]. 社会学研究 (5).

杨善华，侯红蕊 . 1999. 血缘、姻缘、亲情与利益——现阶段中国农村社会中"差序格局"的"理性化"趋势 [J]. 宁夏社会科学 (6).

朱炳祥 . 2007. 社会文化变迁中的白族农民——大理周城村民段元参个人生活史研究 [J]. 民族研究 (2).

郑杭生 . 2005. 农民市民化：当代中国社会学的重要研究主题 [J]. 甘肃社会科学 (4).

张红 . 2011. 村落变迁：动力机制与意义阐释 [J]. 华南农业大学学报 (社会科学版) (10).

张红 . 2011. 半工半耕家庭经济模式对村庄的影响研究——基于关中陈文村的调查 [J]. 生态经济 (12).

张红．2011．农业现代化进程中的村落变迁研究——基于山东寿光三元朱村的个案调查［J］．重庆大学学报（社会科学版）（11）．
张红．2012．风险农业：问题、成因与消解——基于关中X镇陈文村的调查［J］．科技管理研究（11）．
张红．2012．农业技术应用与乡村社会变迁［J］．农村经济（8）．
张茂元．2007．近代珠三角缫丝业技术变革与社会变迁：互构视角［J］．社会学研究（1）．
朱启臻，芦晓春．2011．论村落存在的价值［J］．南京农业大学学报（社会科学版）（11）．
赵树凯．2011．农民的命运：终结与开始［J］．华中师范大学学报（6）．
赵旭东．2009．从“问题中国”到“理解中国”——作为西方他者的中国乡村研究及其创造性转化［J］．社会科学（2）．
周雪光．2008．社会学视野下的世纪社会变迁——读费希尔和豪特《差异的世纪》［J］．社会学研究（1）．
张新光．2008．20世纪以来世界农业发展中几个带有规律性的问题［J］．上海农村经济（5）．
朱新山．2010．试论传统乡村社会结构及其解体［J］．上海大学学报（社会科学版）（5）．
折晓叶．1996．村庄边界的多元化——经济边界开放与社会边界封闭的冲突与共生［J］．中国社会科学（3）．
朱又红．1997．我国农村社会变迁与农村社会学研究述评［J］．社会学研究（6）．
周运清．1999．中国农耕经济变革与乡土社会结构转型的推进［J］．社会科学研究（5）．

三、论文

李霖．2008．农民工在村落变迁中的作用研究［D］．杨凌：西北农林科技大学．
梁效革．2009．村落中介于村落共同体的未来研究［D］．济南：山东大学．
宿胜军．1997．从“保护人”到“承包人”［D］．北京：北京大学．
孙玉娜．2008．非农化进程中陕西农村妇女家庭地位研究［J］．杨凌：西北农林科技大学．
易佳．2008．农村妇女的休闲与文化资本关系研究［D］．杨凌：西北农林科技大学．

四、报刊网站

《农民日报》编辑部．2012．直面城乡结构转型的历史节点［N］．农民日报，2012－05－11．
向春玲．2012．在城镇化进程中坚持统筹与均衡［N］．学习时报，2012－06－15．
YL规划建设局网页．http：//ghjsj.yangling.gov.cn/．
YL政府公众信息网．http：//www.ylqzfw.gov.cn/．

后　记

2008年，一场农业变革在身边悄然发生。初始阶段，在茫无头绪的情况下，出于“敏感”使然，开始通过各种媒介、各色人等收集并了解地方政府出台的文件政策，潜意识中预感到即将到来的是一场涉及土地流转、科技推广、合作组织、统筹城乡、产业化经营的综合性农业现代化变革。从社会学的视角考察，目光自然就聚焦到以技术为核心的现代农业发展将给乡村社会结构带来怎样的影响?明确了研究主题和思路后，我们着手检索文献、进入田野、问卷调查、个案访谈、分析整理、追踪事件、作出判断。通过边考察、边思考，力求在令人眼花缭乱的变化表象下，寻找事实真相以便于更好的理解村落变迁的机理和机制，更好的解释农民的生活逻辑和行为准则。社会学家孟德拉斯在描述20世纪中期法国农村的转型时说：法国的农村给社会学家提供了一种实验室，那里收集了很多可供进行各种不同分析的“自发性经验”。变迁中的西村给我们也提供了一个极好的近距离观察与记录时代的机遇。历经7年，从最开始的起步阶段进入、中间的快速发展及成熟演变，到如今经济社会效应的显现，我们一直都在场并翔实地记录了村落每个阶段的发展状况，这一过程的学术研究是充满张力的。持续的追踪调研，也就有了今日本书的成稿。

早就听闻R书记的大名，极其偶然的机会结识了这位西村的支书，平日里他是大忙人一个。作为家庭成员的一分子，他不仅要耕种自家棚里的活儿，还需照看年幼的留守孙子；作为村支书，他既要填写各种报表，也要如期完成上级下达的各项硬性任务，诸如综合治理、群众路线教育、田园村庄建设等；作为“明星村”的代言人，他还另有一项任务，即频繁地接待省部级领导视察、慕名而来的省内外参观者，以及参加省上、区里的会议。曾经有位著名的学者型官员问他，今后谁来种地？他回呛一句：不用你们瞎操心。农民不是没有智慧，没有办法，关键在于制度；作为省级优秀人民调解员，邻里纠纷、赡养老人、拖欠承包费等家长里短事也占据了他相当多的时间和精力，以至于常出现“门外站一晚，看老伴儿冷脸”的状况；作为受聘的农民技术员，除了给本村本乡的群众传经送宝，还时常被邀请到外地传授技术。虽然日常事务缠身，但60岁出头的R书记依然精力充沛，经常可以看到他骑着摩托车穿梭于乡间的身影。R书记为人坦诚且健谈，在村委会，我们经常一聊就是一上午，走出门，一身烟草味。他对村里的大小事如数家珍，正是通过他的介绍，一些曾经逝去的模糊图像跃然纸上，变得鲜活生动。

感谢W镇的镇党委书记、镇长，他们务实认真负责任的工作态度令人印象深刻，兢兢业业一心想要改变乡村面貌的迫切心理值得敬重，从他们的言谈举止可以深切地感受到心怀天下的胸襟，同时，也令人对农村基层干部有了全新的认识。对他们能够在繁忙的工作之余配合调查的执行，以及为本研究提供的便利深表谢意！感谢村主任RJC，他虽不善言谈但颇为实干，与村支书相比，俩人一动一静，工作配合的默契有序。每次调查，他多以倾听者的面目出现，但总是默不作声地忙前忙后找人、找资料。感谢大学生村长助理小Z，她的出现，不仅让西村的各种文件、资料、档案分门别类、井然有序，而且热情地为本研究提供了宝贵的原始材料。

感谢冯燕、杨静、李亚宁三位研究生，他们从2011年3月至2012年6月，陆续用了一年多的时间在YL调查了12个设施农业型村落，分别与示范区领导、乡镇党委书记、乡镇长、村支书、村长、专家教授、涉农企业负责人、技术精英、村民等各类人员进行了深度访谈。他们每周下去蹲点一次，几乎风雨无阻，收集上来的资料数据及时进行整理，每周在我的办公室集体交流切磋，彼此受到很大的启发，有疑问之处第二周通过回访进行补充性填补。知识生产需要团队的力量，他们三人的毕业论文，都是在调查的基础上写作完成，分别命名为《村落的技术》、《村落的日常生活》、《村落的分化》。其中，《村落的技术》着重阐述村庄引进农业新技术所引起的伦理观念、身份取向、家庭权力结构、交往方式以及农业合作社等一系列的变化，以技术为切入点揭示村落社会是如何运行和变迁的。《村落的日常生活》以村民的日常生活为切入点，细微地展现了村民的日常消费世界、日常交往世界和日常观念世界所发生的变化，以小见大，以微知著，从而更深的折射出村落在社会结构上的变迁。《村落的分化》以农民的职业分化为切入点，通过描述村落经济结构、社会分层、关系网络以及土地流转等方面发生的一系列变化，反映村落共同体的命运。我们希望通过此项工作来呈现西部欠发达地区村落变迁的历程与路径，从而为同样经历着巨变的其他区域的农村社区研究积累素材并提供征象。与此同时，我们辅助性地选择了设施大棚起步较早的山东寿光2个村庄（三元朱村、前曹村）作为“他者”，进行东西部的对比参照研究，以便更加全景式的展现农业科学技术对于村落变迁的影响。董倩倩、王永红两位研究生承担了此项工作。同时，在课题的实施过程中，周文、王昭、赵宇、徐敏四位研究生也提供了辅助性的调研工作，对于他们的辛苦劳动与付出一并表示感谢！

长达数千年的中国农业发展缓慢而封闭，正如韦伯所言“停滞的帝国”千年沿袭，墨守成规、死水一潭。“拐点”显现于20世纪70年代末期，直至今天，短短30多年的时间在历史长河中只是沧海一粟，但它带给村落的变化只能用一个词来形容：翻天覆地。也许是“当局者迷”的缘故，调查中，时常困惑于村落变迁的来龙去脉？其中的运作机制？各要素之间的关联？在传统与现代的博弈下，村落变迁最终会有什么样的结局还未可知，需要随着时间的推移来揭示谜底。仅就目前情况来看，村落的走向有两个可能的发展趋势：一是最终完成从传统到现代的转型，即国家与现代性最终摧毁已经渐现颓势的传统性，最终实现现代化与城市化。那么，现在的村落不过是处于一个过渡阶段，尽管最终完成“终结”需要很长时间，但是，最终结果一定是完成向现代城市的转变。二是变迁中的村落出现一种新的形态，它具备传统与现代的双重性质，是现代性、国家、地方性知识三者最终相互妥协、相互融合的产物。它既在传统农村社区社会结构解体的基础上建构了一个符合城乡一体化形态的基层社会单元，又在传统性与现代性的互渗、博弈、交织状态下组建了一个与新情景相适应的价值体系与规范系统。如此而言，我们所从事的研究就不仅仅是对于农业现代化进程中村落生产方式与生活方式变革的探析，同时也是对传统农业型村落变迁过程的记述。如果通过本书的思考，能够吸引更多的人关注农业、关心农村、关爱农民，无疑也是令人欣慰的。